豁达

做人之道

星云大师 著

中华书局

图书在版编目（CIP）数据

豁达：做人之道/星云大师著. —北京：中华书局，2010.5
（2016.1 重印）
（迷悟之间）
ISBN 978 - 7 - 101 - 07315 - 7

Ⅰ. 豁… Ⅱ. 星… Ⅲ. 佛教 - 通俗读物 Ⅳ. B94 - 49

中国版本图书馆 CIP 数据核字（2010）第 040005 号

本书由上海大觉文化传播有限公司独家授权出版中文简体字版

书　　名	豁达:做人之道
著　　者	星云大师
丛 书 名	迷悟之间
责任编辑	焦雅君
出版发行	中华书局
	（北京市丰台区太平桥西里 38 号　100073）
	http://www.zhbc.com.cn
	E-mail:zhbc@zhbc.com.cn
印　　刷	北京瑞古冠中印刷厂
版　　次	2010 年 5 月北京第 1 版
	2016 年 1 月北京第 11 次印刷
规　　格	开本/889 × 1194 毫米　1/32
	印张 6⅞　插页 7　字数 80 千字
印　　数	55001 - 61000 册
国际书号	ISBN 978 - 7 - 101 - 07315 - 7
定　　价	25.00 元

星云

迷悟一念之间 ···

从二〇〇〇年四月一日开始，我每日提供一篇"迷悟之间"的短文给《人间福报》，写了近四年，共一一二四篇。于二〇〇四年七月结集编成十二本书，由台湾的香海文化出版。

此套书截至目前发行量已近两百万册。曾持续被《亚洲周刊》、金石堂、诚品等书局列入畅销书排行榜，三十一位高中校长联合推荐，以及许多读书会以此书作为研读讨论的教材，不少学生也因看了《迷悟之间》而提升了写作能力等等。

由于此套书具有人间性和普遍性，深受海内外人士的喜爱，除了中文版，其他国家语言的版本有：英文、西班牙文、韩文、日文……全球各种译本的发行量突破了五十万册。尤其难得的是，大陆"百年老店"中华书局也要在二〇一〇年五月出版中文简体版，乐见此套书能在大陆发行。

曾有几位作家疑惑地问我："每日一篇的专栏，要持续三四年，实非易事！你又云水行脚，法务倥偬，是怎么做到的呢？"

回顾这些年写《迷悟之间》的情形，确实，我一年到头在四处弘法，极少有完整的、特定的写作时间。有时利用会议或活动前的少许空当，完成一两篇；有时在跑香、行进间，思绪随着脚步不停地流动，长途旅行时，飞机舱、车厢里，更常是我思考、写作的好场所。

每天见报，是一种不可推卸的责任，读者的期待，则是不忍辜负的使命。虽然不见得如陆机的《文赋》所言："思风发于胸臆，言泉流于唇齿"，但因平时养成读书、思考的习惯，加上心中恒存对国家社会、宇宙人生、自然生命、生活现象、人事问题等等的留意与关怀，所以，写这些文章并不是太困难的事。倒是篇数写多了，想"题目"成了最让我费心的！因此，每当集会、闲谈时，我就请弟子们或学生们脑力激荡，提出各种题目。只要题目有了，我稍作思考，往往只要三五分钟，顶多二十分钟，就能完成一篇或讲理述事、或谈事论理的文章。

犹记当初为此专栏定名时，第一个想到的名称是"正邪之间"，继而一想，"正邪"二字，无论是文字或意涵，都嫌极端与偏颇，实在不符合佛教的中道精神，遂改为"迷悟之间"。我们一生当中，谁不曾迷？谁不曾悟？迷惑时，无明生起，烦恼痛苦；觉悟后，心开意解，欢喜自在。

其实，迷悟只在一念之间！一念迷，愁云惨雾，一念悟，慧日高悬。正如经云："烦恼即菩提，菩提即烦恼！"菠萝、葡萄的酸涩，经由阳光的照射、和风的吹拂，酸涩就可以成为甜蜜的滋味。所以，能把迷的酸涩，经过一些自我的省思、观照，当下就是悟的甜蜜了。

曾经有些读者因为看了《迷悟之间》而戒掉嚼槟榔、赌博、酗酒的坏习惯，也有人因读了《迷悟之间》而心性变柔软，能体贴他人，或改善家庭生活品质，甚至有人因而打消自杀的念头……凡此，都是令人欣慰的回响。

《六祖坛经》里写道："不悟，佛是众生；一念转悟，众生是佛。"迷与悟，常常只在一念之间！祈愿这一千余篇的短文，能轻轻点拨每个人本自具足的清净佛性，让阅读者皆能转迷为悟、转苦为乐、转凡为圣。

二〇一〇年二月

于佛光山法堂

星云大师传略 ......

　　星云大师，江苏江都人，一九二七年生，为禅门临济宗第四十八代传人。十二岁于宜兴大觉寺礼志开上人出家，一九四九年赴台，一九六七年开创佛光山，以弘扬"人间佛教"为宗风，树立"以文化弘扬佛法，以教育培养人才，以慈善福利社会，以共修净化人心"之宗旨，致力推动佛教文化、教育、慈善、弘法等事业。

　　在出家一甲子以上的岁月里，大师陆续于世界各地创建二百余所道场，并创办十八所美术馆、二十六所图书馆、出版社、十二所书局、五十余所中华学校、十六所佛教丛林学院，以及智光商工、普门高中、均头中小学等。此外，先后在美国、台湾、澳洲创办西来、佛光、南华及南天（筹办中）四所大学。二〇〇六年西来大学正式成为美国大学西区联盟（WASC）会员，为美国首座由华人创办并获得该项荣誉之大学。

　　一九七七年成立"佛光大藏经编修委员会"，编纂《佛光大藏经》、《佛光大辞典》。一九九七年出版《中国佛教白话经典宝藏》，一九九八年创立人间卫视，二〇〇〇年创办佛教第一份日报《人间福报》，二〇〇一年将发行二十余年的《普门》杂志转型为《普门学报》论文双月刊，同时成立"法藏文库"，收录海峡两岸有关佛学的硕、博士论文及世界各地汉文论文，辑成《中国佛教学术论典》、《中国佛教文化论丛》各一百册等。

大师著作等身，总计二千万言，并翻译成英、日、西、葡等十余种文字，流通世界各地。于大陆出版的有《佛光菜根谭》、《释迦牟尼佛传》、《佛学教科书》、《往事百语》、《金刚经讲话》、《六祖坛经讲话》、《人间佛教系列》、《星云大师人生修炼丛书》、《另类的财富》等五十余种。

大师教化宏广，计有来自世界各地之出家弟子千余人，全球信众则达数百万之多；一生弘扬人间佛教，倡导"地球人"思想，对"欢喜与融和、同体与共生、尊重与包容、平等与和平、自然与生命、圆满与自在、公是公非、发心与发展、自觉与行佛"等理念多所发扬。一九九一年成立国际佛光会，被推为世界总会会长；于五大洲成立一百七十余个国家地区协会，成为全球华人最大的社团，实践"佛光普照三千界，法水长流五大洲"的理想。二〇〇三年通过联合国审查肯定，正式加入"联合国非政府组织"（NGO）。

大师自一九八九年访问大陆后，便一直心系祖国的统一。近年回宜兴复兴祖庭大觉寺，并捐建扬州鉴真图书馆、接受苏州寒山寺的赠钟，期能促进祖国统一，带动世界和平。

大师对佛教制度化、现代化、人间化、国际化的发展，可说厥功至伟！

目 录

豁达人生

想得开，看得破，这就是"豁达的人生"！

人生，往往因为想不开、看不破，所以烦恼重重。一间房子，没有门出去，长久关闭在里面，怎么会快乐呢？住在一座古城里，多时不能出城，你也会感觉到自己的世界太狭小了。我们好名，被名枷给捆绑了；我们好利，被利锁给缚住了。人陷在自私的感情里，就会有执着之爱；爱得没有自由，爱得没有出路，爱得束缚，就是因为自己没有豁达的心胸。不能豁达的人生，被圈圈圈住，被框框框住，所谓"坐井观天"，哪里能看到广大无边的天地呢？

世间的凡夫众生，往往被一个人就能捆锁住我们，一句是非也能左右我们。在无明的人我是非里面，没有豁达的心情，没有豁达的观念，想要获得快乐，实在难矣也！

有的人，对金钱放不下，做了金钱的奴隶；对物质放不下，做了物质的囚徒。有的人为了守住一栋房子，不肯出外旅行；有的人养了一只宠物，就不许其它的猫狗入内。有的人为了尽孝守墓，荒废了多少年轻的岁月？有的人为了一个官位，不惜一切地钻营。如果我们能有豁达的人生，"心量如同虚空界，思惟多如恒河沙"，哪里会被世间的这许多葛藤牵绊呢？

古代有一位金碧峰禅师，过分喜爱他食用的玉钵，因为一念贪执，几乎被阴间的狱卒拘去，幸亏他觉醒得早，掷破玉钵，舍去贪念。他说："若人欲拿金碧峰，除非铁链锁虚空；虚空若能锁得住，再来拿我金碧峰。"此即突破贪执的观念，而进入到豁达的人生。

弥勒菩萨的"行也布袋，坐也布袋；放下布袋，何等自在！"弥勒不被布袋所拖累，金碧峰不为玉钵所拘囚，乃至赵州不受赵州茶的操纵，云门不受云门饼的牵绊，万事能够放下，那是何等逍遥自在的人生啊！

甚至庄子的"鼓盆而歌"，善慧大士一家人的"坐化立亡"，王打铁在火炉边的"站立往生"，丹霞禅师觉悟"考官不如考佛"而剃度等。他们能够"拥有"，也能"空无"，他们在功名富贵、穷通得失之间，都不忘自在，这就是豁达的人生。能够心胸豁达，人生何其美好啊！

常识人生

　　人有多大的学问，可能不易为人知道；人有多少常识，很容易就能让人称出斤两来。

　　人不但要知道过去的历史，也要知道地球的空间，甚至天气，乃至各种民族间的文化、生活习惯，都要认识。就如看到乌云覆盖，就知道天要下雨；感觉风向变化，就知道气候要变冷。

　　现在的社会变化更大，更需要很多的常识。你可以不知道计算机网络，但是你不能不知道E-Mail的功用；你可以不懂得股市，但你不能不知道股市对社会金融，甚至对你的经济生活的关系。电视、收音机，你可以不看、不听，但你不能不懂开关；手提电话，你可以不拥有，但紧要的时候，你不能不会运用。自己的生理卫生、医药常识，甚至到西餐厅吃饭，对于吃西餐的礼貌，你都不能不注意。乃至开会时，你要懂得会议规范；打电话时，要懂得电话礼貌；乘坐飞机也有乘坐飞机的常识。

尤其现代的社会，许多新人类的用语，你也不能不知道，例如："K书、A钱、很酷、HIGH到最高点、哈日族、E世代、银发族、辣妹、作秀"等。

人与人交往，有学问的朋友相聚，都会谈古论今，都会谈到现代的思潮，你不能不知，不能不晓。政治经济、环保生态、教育军事、工商科技，你可以不必成为专家，但你对这许多学科不能没有一些常识。例如，现在的升斗小民，也要懂得填报税单向政府交税；出外旅行，进出国境，你也要懂得填写表格，否则举步艰难，生活不易啊！

古人有谓"秀才不出门，能知天下事。"现在的时代，三天五日没有看报，就好像被这个社会遗弃，可见"常识"对一个人是多么的重要！

在社会上，遇到各种人事，种种称呼，也是大有学问。例如，称呼乡长、世兄、王总、副座、夫人，甚至于台府、仙乡、贵居、尊号等等，这些称呼的常识也不能不知啊！

做一个现代的人，民权初步，村里大会，你也不能不知道；各种选举，所谓选贤与能，候选人的政见也不能不懂，否则怎么能够显示现代的民权呢？甚至现在各种的产品和商品，如何使用，有什么功能，你都应该知道。

佛陀有十个尊号，其中之一叫"世间解"；即使成佛了，也要了解世间，这就是常识人生。现代的人生难为，这是一个知识爆炸的时代，每天有多少事项的变化，每天有多少新名词的产生，每天有多少新法令的公布，每天有多少新知识的出现。如果不注意常识，何以面对现在的社会和人生呢？

尊重异己

世间的万事万物，只要有两个以上，就不会有绝对相同的内容。一个母亲生养的儿女，各有不同的性格；中国有十几亿的人口，就有十几亿不同的心。江海溪流，同样是水，但水质各有不同；山岳丘陵，同样是山，但没有绝对相同的两座山。十个手指，伸出来有长短不同；两个眼睛，也有大小的分别；即使满口的牙齿，也不会全部相同！有人称同志、同学、同乡、同宗，实际上，在相同里面，仍有许多的差异！

既然世界上有这么多的差异不同，所谓"千差万别"，我们如何来与很多的不同相处呢？只有尊重不同、包容不同，所谓分工合作、合作分工，这是不易的道理！

同样是军人，要分陆、海、空各种兵种；同样是宗教，要分佛、道等教；同样是文学，要分散文、诗歌、小说；同样是哲学，也有东西、古今学派的不同。世间，同的太少，异的太多；只有在异中求同、同中存异，那才是处世之道，这也是宇宙人生对我们最大的要求了。

梁启超先生说："今日之我，不惜与昨日之我宣战"，可见昨日的我，与今日的我，就已经不同了！昔日恩爱的情侣，今日可能反目成仇。人，都不欢喜与自己不同的存在，所谓"顺我者生，逆我者亡"，想把不同的、差异的都排除，可是世间的万万千千，哪里能排除竟尽呢？既然不能完全彻底的排除，那么最好还是大家相互尊重、相互包容，所谓尊重异己，那就是最合乎天心了！

世间万象，水火不兼容，但是台湾地区的关仔岭却有"水火同源"；桃李不一体，但还是可以互相接枝；男女不一样，但常说"你中有我，我中有你"；彩虹的颜色有多种，就因为大家互不排斥，故能显现出它的美丽。

眼睛看不到墙那边的人和事，可是透过耳朵帮忙，至少可以听到声音；脚抬不起来的东西，伸手一提，就顺手拈来。干旱了，希望下雨；雨水太多了，希望阳光。水能载舟，也能覆舟；火能蒸发水分，水也能熄灭火焰。世间的所有，都是相生相克；甚至于人，只要有两个人，就会有纷争，可见世间万事万物，哪里能统一呢？所以，你我虽有不同，但是我尊重你，你尊重我；大家互相尊重，彼此就能共同存在了！

五彩缤纷

在世间，什么色彩最好看？红、黄、蓝、白、黑，凡是只有一色，都很单调，唯有五色，所谓"五彩"才能"缤纷"。

电影，从最早的黑白默片，发展到现在的彩色动画时代；印刷，从当初铅字排版的黑白印刷，进入到现在的彩色自动印刷时代。现代人的衣着，不但样式时髦，布料的花样、色彩，更是种类繁多；现代人的饮食，如果天然的色泽不美，总要添加各种色素，务必做到名副其实的"色、香、味"俱全。

天上的白云虽然远比乌云好看，但总不及彩虹和晚霞，将天幕装点成大自然最美的色彩。森林里，百鸟以歌声找寻知音；大海中，鱼类也以彩色来引起友谊。

世间，有的人讲话如诗如画，他的"舌灿莲花"可以把语言讲得灿烂缤纷，生动活泼；有的人为文写作，起承转合，曲折委婉，所谓"文情并茂"，令人捧读，直叹"文中有画，画中有诗"。

　　小孩子刚出生的时候，便欢喜看彩色的东西；人的一生当中，最喜欢的是春天，因为春天百花齐放，姹紫嫣红，真是美不胜收。

　　人生，有的人感慨自己是灰色的人生；也有人因为没有健康、没有美丽、没有理想、没有目标、没有欢喜、没有知音，因此觉得自己的生活是黑色的。其实，人总希望自己的人生能活得多彩多姿，能活得"五彩缤纷"。

　　一个人要创造五彩的人生，什么叫做五彩的人生呢？也就是多彩多姿的生活。例如：为人服务、与人结缘、给人欢喜、从善如流等，能够到处受人欢迎，到处随缘自在；能够以微笑、赞美来制造色彩，就能活出缤纷的人生。

　　如何营造"五彩缤纷"的人生呢？水彩、染料，单一的颜色总是单调的；人，当然也不能只是单一地做一件事，应该像观世音菩萨一样，化身千百亿。例如，回到家里，要把妻子、丈夫、儿女、父母、公婆、媳妇的身份扮演好；出门在外，也要认清自己的角色，是主管，就要承当责任，爱护属下；是部属，就要勤劳尽职，拥护主管；是老师，就要化雨均沾，诲人不倦；是公仆，就要为民喉舌，服务人群。

　　我们如果能将自己的善心布满人间；将自己的爱心传播社会；将自己的清净真心供养十方；将自己的美丽好心与人结缘，这就是布满人间的彩色，自然能让自己活得多彩多姿，自然能拥有一个五彩缤纷的人生了！

凡事靠自己

有人出外参学，同行的道友怕他毅力不够，告之曰："此行路途遥远，我们有五事不能帮你：第一是走路，第二是吃饭，第三是睡觉，第四是大小便利，第五是无法帮你背负行李。"

确实如此，人生有很多事情，别人是没有办法帮忙、代替的，例如年老力衰了、疾病痛苦了，别人是没有办法代替的。

佛教的业力论主张，凡事皆是自作自受，唯有自己才可以改变自己的命运，自己身、口、意的行为，决定自己未来的一切。

读书求学，别人不能代替我们读书；创业发展，别人不能帮助我们创业。自己喝茶，自己才能解渴；自己吃饭，自己才能饱。即使是现代的民主政治，也要靠自己有选票，才能进入议会。

所谓"在家靠父母，出外靠朋友"；父母、朋友都是我们的缘分，唯有自己，才是"因"。"因"是主要的，"缘"是外来的；光有"因"，没有"缘"，所谓因缘不具，还是不能成事。例如一个国家要靠众臣辅佐，但是如果国君不贤，纵有良将贤臣，也是无济于事。

所以，外缘再多，若是自己不振，即使天降钻石、黄金，你不去把它捡起，你仍然贫穷；即使奖章、奖状凭空而来，你不去亲自领取，荣誉也非你所属。

世间的事，有的可以代替，那是缘分；有的不能代替，那就非得靠自己不可。靠大树可以乘凉、靠桥梁可以通行，但是我们若不种树、造桥，也无荫可凉，也无桥可过啊！

韩愈先生说："世有伯乐，然后有千里马；千里马常有，而伯乐不常有。"就算你是千里马，如果你与伯乐无缘，没有伯乐欣赏你，你也不能脱颖而出。所以，凡事靠因缘，因缘当中最重要的还是要有"因"；"因"就是自己，靠自己才能有缘分。自己本性的善良、身体的健康、人缘的和谐、勤劳的工作，以这许多的条件为"因"，才能获得"缘"助。

有个儿童深信因果，妈妈却告诉他没有因果；若是真有因果，妈妈愿意代为承受。一日，小孩不慎割伤手指，血流不止，痛苦不已，高声喊道："妈妈，请您赶快代替我痛一下喔！"

因果是不能代替的！甚至有时我们祈求佛菩萨的灵感庇佑，也要靠自己的虔诚信心，否则如人遭逢大水时，尽管佛、菩萨化身各种人等来救你，如果你执着不肯上船，你也无法得度！又如田地里没有播种，纵有雨露肥料，也不能生长万物啊！

　　由此观之，富贵荣达，一切都要靠自己喔！

名词的魔术

世间法的名相，因名生解，名相的功用，无可否认。但是，过分地执着名相，被名相所执、所迷，则就反受其害了！

鬼，是一个很可怕的名词，人人"谈鬼色变"。但是，有的人对自己最亲、最爱的人，也欢喜称他为"鬼"。例如，太太昵称先生为"死鬼"；母亲叫自己的小孩为"小鬼"，可见"鬼"之一词，也是人所最爱，这不就是名词的魔术吗？

乡村的居民，向政府反映：我们每到河边取水，都要走过"五里路"这条路，实在是路途遥远，非常辛苦，请政府为我们改进。后来聪明的长官下令说："以后这条路改名为'三里路'，不可以再叫'五里路'。"全村的居民大喜，说："现在好了，今后我们取一担水只要走'三里路'就可以了。"

"五里路"与"三里路"只是名词的变换，大家的感受就有苦乐的不同，这不就是名词的魔术吗？

人，如果被人比作畜生，说你是狗、是虎狼，甚至连狗都不如、连虎狼都比你好，你必然会生气。但是，有的父母为儿女取名为小猫、小狗、小虎、小牛，甚至有名的新光保险公司创办人吴火狮，他以"狮子"为荣，到处建设许多以"狮"为名的企业，"狮子"俨然已成为他傲人成就的标记。前高雄市长杨金虎，也是以"虎"为荣；现任台北市长马英九，更以"小马哥"的名号，树立了亲切的形象。可见名词的魔术，只在人的一念之间。

其实，人之一生，从"婴儿"到"女童"、"小姐"、"太太"、"妈妈"、"婆婆"、"奶奶"，名词虽多，实乃一人。名相的变化，人心、人性，实乃不变也。

《金刚经》说："凡所有相，皆是虚妄。"名相，千差万别，但是其理一如也。我们对于千差万别的名相，只要心中的一念，你认定，你欢喜，你接受，管它名词的魔术如何变化，又岂奈我何？

所以，佛教里有"四依止"：一、依法不依人；二、依义不依语；三、依智不依识；四、依了义不依不了义。由此，名相的分别，不就可以了然了吗？

没有办法

　　一个人会不会做事，能不能干？就看你问他话时，他的回答是肯定的，还是否定的呢？如此就能知道他的能力如何了！

　　凡是你拜托能干的人，他的回答都是正面的OK（好）；凡是不能干的人，他的回答都是NO（不好）。例如，我不会写信，请一个能干的人帮忙，他必定都是OK。如果他实在没有时间，他会说：我下午或明天帮你写。甚至他也可能说：我找个人代替我帮你的忙！总之，他会帮你把事情完成。相反的，一个不能干的人，即使是举手之劳，他也会说：我没有时间、我不喜欢、我不愿意，你为什么不去找别人呢？

　　经常听到有一些人，口边常常挂着"没有办法！"其实，真的没有办法吗？是他没有"想办法"解决问题，轻易地就认为"没有办法"。例如，你约他开会，他说没有时间，"没有办法"；你找他为伤残者做个简单的服务，他说看到伤残的人他会难过，实在"没有办法"；你请他做个半天的义工，他说没有兴趣，他"没有办法"；一件重的东西，有一个人搬不动，请他来帮忙，他说我的体力不够，"没有办法"！"没有办法"最终只会为他带来"没有办法"的人生！

所谓"办法"，是人想出来的！有的人创业遇到挫折，做事遇到困难，处人遇到责怪，思维遇到瓶颈，往往都以"没有办法"来搪塞。其实，你用固定的方式、陈旧的办法行不通，如果你能转换思维、客观评断、多方参考，换个角度来看问题，必定是会有办法的。"条条大路通长安"，狡兔都有三窟，世间一切事，哪里会"没有办法"呢！

做人，可以换一个思维：说好话，我有办法！存好心，我有办法！做好事，我有办法！结善缘，我有办法！我读书十年都有办法，成佛成圣都有办法，世间还有什么是没有办法的呢！

汉高祖刘邦、明太祖朱元璋，一个是泗水的亭长，一个是皇觉寺的沙弥，他们都能当上皇帝，他们不都是"有办法"吗？王永庆先生是卖米的，林百里先生只是一个在台湾的侨生，他们都能成为百万亿的富翁，凭的不就是"有办法"吗？

办法是人想出来的，所谓"穷则变，变则通"，不能说没有办法！就算自己没有办法，也可以向别人请教。此路不通，还有别径；此事不好，还有他事；此人不行，再找别人；此法不好，为什么不再另外去找一个更好的办法呢！

不要等待

这一生能够做完的事，这一生就把它做完，不要等到来生；今天能够做了的事，今天就把它做了，不要等到明天；自己能够做好的事，自己就把它做好，不要等待别人。

机缘是要等待的，实力是要养成的；但是，发心、实践是不能等待的！

凡是共成的事、有牵制的事，是需要等待的。饭未煮熟，锅盖不要轻易一掀；蛋未孵熟，母鸡不可轻易一啄！但是，一些好事、善事，是不容蹉跎、不容等待的！

一块土地，可以盖一栋房子，自己不盖，等待儿子；儿子大了，把土地赌输，卖给了别人！一桩善举，可以造福广大群众，迟迟不肯捐钱；经历一场大火，始知财富乃"五家"所共有！

愚人请客，要等待客到的那天才挤牛奶，但是客到牛已无乳了。道元晒香菇，不在大太阳的时候晒，难道要等太阳下山才晒吗？

所以，凡事不能等待别人，别人不是我；凡事不能等候明天，明天还未到来。可以做好事的时候，不要等到发财以后才做，因为发财以后不一定想要做好事；甚至财未发，无常已经到来了，因此凡事不能等待。阳明山上的樱花很美，但是你要赶在花季的时候前往欣赏；等有时间，永远没有时间，正如等到发财，永远不能发财！

佛教讲"照顾当下！"等待明天，明天过了还有明天；等到以后，以后还有以后。等待中，浪费了多少的今朝明日；等待里，消耗了多少的希望与雄心！只会等待的人，永远不能成功！

不要等待，要有行动的力量；不要等待，要有即刻办的精神！不要等待，才有成功的希望；不要等待，才有无限的未来！

你要等待，身体衰老了！你要等待，头发变白了！你要等待，无常到来了！你要等待，机缘丧失了！

等待，等待，春天播种的时候过去了；等待，等待，黄金随着潮水流走了；等待，等待，夕阳眼看着就要下山了；等待，等待，无常的弓箭就要射向你了。等待的人，虚幻渺茫的主人会接见你！等待的人，一事无成的家园会等着你！等待的人，黯淡无光的黑夜会笼罩你！等待的人，空白人生的世界会有你的一份。

凡事不要等待！把握现在，才有希望的未来；把握当下，才有美好的人生。切莫等待，消磨了人生，空悲切啊！

知足与能忍

知足常乐，能忍自安！

有人说：人生没有强烈追求向上发展的欲望，失去了奋斗人生的意义；也有人说：凡事忍耐，太过消极，缺乏积极进取的打拼精神。

其实，知足看起来是保守，实际上是人生的安乐之道。佛经固然鼓励人要有善法欲，要读书求知、要为善利人、要希圣希贤、要升华解脱自己、要奋勇降服烦恼魔魇。总之，善法欲可以带给人很大的启发与鼓舞。但是，另外有一些染污欲，例如贪财好色、贪名好利、贪杯好酒、贪玩好物，贪图一些不当的欲乐，若不能节制、知足，则欲望无穷，就找不回自己了。

"能忍自安"，忍耐看起来是吃亏保守，其实"忍"之一字，是大力量，是大智慧，忍的力量勇锐无比。

纪渻子是有名的斗鸡师，周宣王要他训练一只斗鸡。纪渻子接受任务后，一过十日没有消息，宣王等得不耐，催他，纪回答："还不行，此鸡生性自狂自傲，只会虚张声势，其实遇到强者，不堪一击！"

宣王又等了十日，再催问如何。答："此鸡沉着不够，一听到其它鸡叫就会冲动，还不是大将之风！"宣王失望，不再催问。一日，纪渻子报告："大王！斗鸡训练好了。因为此鸡现在听到其它鸡啼叫，恍如不闻；见到其它鸡跳跃，恍如不见，简直就像一只木头鸡，气定神闲，从容安详，已是全能全德。只要其它斗鸡一见到它，就会落荒而逃，不战而胜，这才算是真正的斗鸡了。"

纪渻子训练斗鸡，说明人不能逞匹夫之勇，没有大智、大仁、大勇，不足"言忍"也。一个人不能忍，哪里能安？所以能忍自安，是至理名言喔！

所谓"知足"，就是个人对物质的要求要能节制，对自己的爱欲要能自我驾驭，对世间的诱惑要有力量克制。欲望像一匹野马，知足宛若一条缰绳，必须靠知足的缰绳来驾驭贪欲，才不会成为欲望的奴隶；瞋恚像一把利刃，忍耐像武士的盔甲，内在的精神有了忍耐的盔甲武装，即使人生如战场，也不致危险了。

忍之一字，众妙之门。古圣先贤立身处世，没有不得力于忍也，例如孔子忍饥、颜子忍贫、淮阴忍辱、娄公忍侮等。知足乃无上财宝，富上大师故意前往无人的地方化缘；大梅法常禅师以松果为食、以荷叶为衣，乃至古来多少仁人君子，一钱二钱只求生活能够温饱，他们并非不知钱财物质的宝贵，只是不想被欲望所役使；多少的英雄武士最后躬耕田园，他们也不是畏惧战斗，只是乐得清闲自在！

所以，希望追求幸福安乐的人们，何不三思之。

供养的用心

随着佛教盛行，信仰佛教的人口普及，信徒的恭敬心也增长了。现在走遍世界各地，到处都有信徒在如法地实践"供养"的修行。

所谓"供养"，也不只是指信徒用财物来供养，例如对佛陀的"十供养"：香、花、灯、涂、果、茶、食、宝、珠、衣；对法宝的"三供养"：身体的礼拜、口头的称赞、意念的观想；对僧众的"四供养"：衣服、饮食、卧具、汤药。

如此对三宝的供养以外，我们也提倡僧众应该对信徒有所结缘供养，也就是要给信徒佛法、给信徒鼓励、给信徒信心、给信徒照顾。所谓信徒给寺院添油香，僧众也应该对信徒添油香，经云"财法二施，等无差别"，即此之谓也。

对佛和法的供养，有一般的程度；对僧伽的供养，也有一些分别。所谓"供养五百个普通人，不如供养一个有学问的人；供养五百个有学问的人，不如供养一个有慈悲心的人；供养

胸襟宽大，条条都是大路；

心意清净，处处都是净土。

人，要像皮球一样，打击越大，跳得越高；

心，要像面团一样，揉搓越柔，韧性越强。

人可以无钱，但不能没有慈悲；

人可以无势，但不能没有人缘。

五百个有慈悲心的人，不如供养一个明理的人；供养五百个明理人，不如供养一个有菩提心的人。"所以，现在的人供养布施时，都会想到：我所供养的僧众，有修行吗？有慈悲吗？有道德吗？我所供养的这块福田，我在里面播种，将来能有好的收成吗？

其实，信徒大可不必有这样的想法，所谓"财进山门，福归施主"，只要你的发心纯正，只要你的供养清净，至于对方如何，就不必去计较了。

唐太宗李世民曾对玄奘大师说："我很想供养僧众，但是听说现在的出家人，大多数没有修行，应该怎么办呢？"

玄奘大师说："昆山虽产玉，但都含有泥沙；丽水虽然产金，也都掺有瓦砾；泥塑木雕的罗汉，对它恭敬就有福报；铜铁铸成的佛像金容，破坏它就会遭受惩罚；用泥土塑成的龙虽不能降雨，但是祈雨还是需要泥龙。僧众不一定能降福给人，但是修福还是需要礼敬僧众。重要的是供养的人，能因塑像而引发出来的一颗慈善尊贵之心。"

唐太宗恍然大悟道："今后无论碰到什么样的僧众，一定用礼敬诸佛的态度来礼敬他们。"

唐太宗的体悟，也可提供给今日信众们参考！

自我肯定

人，不能自我执着，但要自我肯定；人，自我肯定容易，但是包容别人的意见不容易。

自我肯定不是自我执着，自我肯定要能包容别人。自我肯定很重要！对慈悲，如不自我肯定，难道要瞋恨才好吗？对道德，如不自我肯定，难道要放纵才好吗？对美事、善举、好话，要自我肯定，要有我能、我会、我可以的自信；对世间的善事不能肯定，便容易行恶做坏事。

美国黑人的教科书上写着："黑，是世界上最美的颜色。"这就是自我肯定。一个随时充实自己的人，自然拥有自信，自能自我肯定；一个没有信心的人，就无法给人信心，自己都不能肯定的事，当然也无法取得别人的肯定。

佛门中的信仰，不是要大家信佛，而是要肯定自己、认识自己、对自己有信心。释迦牟尼佛能够自我肯定，故能不畏辛苦，终而夜睹明星，证悟成佛；六祖惠能大师因为自我肯定，因此虽然暂居磨房舂米，终能见到自性，而成一代祖师。

在人生的旅途上要站得住脚，要禁得起考验，对自己的所想、所言、所愿负责，自然就能受到别人的肯定。

鸿雁是一种大鸟，飞得很高，站在地面的人难以辨识到底是什么鸟？越国的野鸭很多，越国人看惯了野鸭，往往就把飞在高空上的鸿雁当作野鸭；楚国的燕子很多，楚国人看惯了燕子，也往往把飞在高空的鸿雁当作燕子。

一对遨游蓝天的鸿雁，飞过了楚越两国，雌鸿雁说道："楚越两地的百姓真迷糊，居然把我们看成是燕子或野鸭。"

雄鸿雁笑着答道："不要怪他们了，尽管楚人把我们当成燕子，越人把我们看成是野鸭，但我们还是鸿雁，绝不会是野鸭，也绝不会是燕子，不是吗？"

自己就是自己，即使在这世界上有好几亿人口，你还是你自己。遗憾的是一般人因为不能自我肯定，不能掌握自己的前途，因此不得不借助求神问卜、算命看相。然而看手相、脸相，不如看"心相"，"心"是我们的主人；世间的好坏，皆以心为出发点，心生则万法生，心灭则万法灭。心外的世界如何改变，我们无法控制，但只要自己心中能够自我肯定，就可以做自己的主人。人若能肯定自己，不被名位权势、五欲六尘的境界牵着鼻子走；心能安住，则任凭天崩地裂，又岂奈我何？

时间管理

一个人，要管理家，要管理人，要管理事，要管理钱。管理，才能上轨道，才能有条理，才能用而不乱。

但是，时间也要管理，有人一生下来，老天给他的数十年时间，他不知道运用，一生就在时间里七颠八倒。例如，童年应该读书，他偏要游玩；中年了，应该要做事，他想到读书。如果学习，应该先要为人服务，他偏偏自私，什么都只想到自己；等到老年了，应该要为自己保留一些余力，他又去为儿孙效力，搞得自己精疲力竭、焦头烂额。人生可以用一些时间去做一点善事，结一些人缘，他偏要去打牌、喝酒、跳舞，浪费了时间，到最后自己生命中的花种不能结果，岂不可惜！

一个人在银行里的存款有多少，如何使用，要"量入为出"；每个人在生命里的时间，你拥有多少，要"量有而用"。当青春已经不再，他还要及时行乐，不知无常之将至；当老年了，眼、耳、鼻、舌、身，甚至五脏六腑已经不太听话了，他还毫无警觉，还在继续滥用，致使一切东西不知它的时间寿命。由于你滥用无度，等到百病丛生的时候，即使再有时间，它也不属于你了。

"是日已过，命亦随减"，时间就是生命，爱惜时间，才能懂得爱惜生命。如果时间是金钱的话，将每个月所得分作十份，其中用五份去顾念家庭、儿女、亲人的生活；另外要以二份去为社会公众服务，做社会的义工；再有一份留给自己，过着宗教发心、奉献的生活；剩下的二份，要做旅游、参学，以及正当娱乐、运动等。

综合起来，时间的管理，要让它有正当性，要让它有建设性，要让它有成就感；要让人生的岁月虽然是老去了，但时间却带来了你的成就、你的历史、你的功德。所谓"精神不死"，就是你能留下了时间中的许多杰作，昭昭都能存在，例如佛陀的说法，例如孔子的传道，例如玄奘的西行，例如马祖的丛林，以及许许多多伟大的建寺、伟大的雕刻、伟大的艺术、伟大的文学作品之光辉，都能辉耀人间，这才是一流的时间管理。

学习与嫉妒

别人的学问比我好，能力比我强，道德比我高，我应该学习他，还是嫉妒他呢？

学习他，是正常的，是应该的！我们不但应该向先贤前辈学习，甚至像鸠摩罗什与盘头达多，大乘、小乘，互相为师；孔子也曾说过，自己不如一个老农！世间，十项全能的通才，毕竟只是百千万亿人中的少数！所以，父母向儿女学习，老师向学生学习；学习不但不是可耻的事，反而谦虚学习的人，更能令人尊敬。

真理、知识，除了佛陀等圣者之外，应该是没有权威的，因此在真理、知识的面前，人人都应该要合掌、低头来接受。

然而，不知从何时起，人们忽略了学习的态度，只要见到别人比自己好、比自己强者，就会心生嫉妒，甚而阻碍、打击对方，像公鸡的性格，见不得别人抬头高叫，最后只有同归于尽。

学习是进步，是成长！所谓"青出于蓝而胜于蓝"，老师的成就不一定要比学生高，甚至父母因为不嫉妒儿女接受高等教育，所以才能培育出博士、硕士的优秀儿女！如果父母师长都要嫉妒儿女、学生的话，那么所谓"麻布袋、草布袋，一代不如一代"，如此社会怎么能有所作为，怎么能有所进步呢？

"见贤思齐"、"三人行必有我师焉！"我们看到多少莘莘学子，一生都在努力学习，所以才能不断进步，不断成长。但是就是有一些人，在别人生前都不喜欢推崇他、赞美他，总要等到死后，才肯说他好话，这就是嫉妒的心理。

嫉妒犹如一把火，不是烧毁一个人才，而是烧毁整个社会的成就！天主教有一次表扬中国的一百二十位圣人，大部分都是已经逝世的传教士。其实，中国现在活着的天主教圣人，又何止一百二十位呢？

于此我们不仅也要问：世界佛教的圣人在哪里呢？由于一些台面上的人物心胸狭小，或分宗派，或分地域，妒贤害能，大家没有学习的雅量，又何能产生圣贤？因此，为了国家社会的发展，为了广大群众的福祉，我们面对贤能而又有道德、智慧的人，是学习他，还是嫉妒他呢？有待我们深思！

此岸彼岸

你有"得度"吗？"得度"就是"波罗蜜"的意思！能够"波罗蜜"，就是能从此岸到彼岸了。

在佛教里，把此岸看作是婆娑世界，把彼岸当成为极乐净土。所谓此岸是"迷"、彼岸是"悟"；此岸是"苦"、彼岸是"乐"；此岸是"邪"、彼岸是"正"；此岸是"束缚"、彼岸是"解脱"。因此，有人把此岸说成种种的苦处，把彼岸说成无限的快乐。例如"八苦交煎"的人间，就是此岸；"八种解脱"的净土，就是乐国。"此岸"不值得流连，不值得停留，人生应该要努力地往极乐的"彼岸"前进。

如果用"六度"——布施、持戒、忍辱、精进、禅定、般若来评判，谁是此岸、谁是彼岸，就可一目了然了。如果这一个地方，一直施予人欢喜、施予人财物、施予人希望、施予人真理，他就是彼岸；否则，只是贪婪、接受，就是此岸了！这个地方是守法、讲理、有道，就是彼岸；此地如果是犯法、自私、无道，就是此岸了!

　　彼岸是能够给人平安,彼岸是精勤向上、安住身心,彼岸是如理的智慧生活;否则,瞋恨、懒惰、散乱、愚痴,那就是此岸了。

　　我们的心灵上,也有此岸和彼岸的分别!心中的此岸,只有自己一人,孤独、寂寞、无助、无缘;如果心中能够包容彼岸的话,彼岸有人有物、有你有他、有情有义、有山有水,彼岸就是有林泉的安乐净土!

　　此岸、彼岸,其实都在我们的一念心中!你可以拥有此岸,但也要拥有彼岸啊!你可以把此岸建设成净土,你也可以把彼岸建设成为你心中的国土。消除此岸和彼岸的观念,打破人我的界线,彼此成为一家,不亦宜乎!

赤子之心

什么是"赤子之心"？你有"赤子之心"吗？赤子之心就是佛心；赤子之心就是母心；赤子之心就是圣心；赤子之心就是童心。或者也可以说：慈悲、诚实、天真、善美，都是赤子之心。

你见到众生受苦，心生不忍，那就是赤子之心；你看到他人受难，心生恻隐，那也是赤子之心。收容流浪狗，成立儿童中途之家，关怀老弱妇孺，救济各种伤残，都是赤子之心！

大智文殊菩萨称为文殊童子；大菩萨称童子，是因为他有赤子之心。善财童子"五十三参"，因为他追求真理，所以也以童子为名。其他如老子、庄子、孔子、墨子、朱子等，皆有圣贤的美称。

童子之心是赤子之心，童女之心也是赤子之心。花木兰代父从军，缇萦喊冤救父，还有那讲经弘法的妙慧童女，以及那帮助弱小的慈行童女，她们也有赤子之心喔！

中国的帝王当中,唐太宗最有赤子之心。有一次,太宗正在宫中把玩一只小鸟,听到大臣魏徵到来,迅速将小鸟藏在袖子里,表面故作镇定地与魏徵对谈,实则内心一直在挂念袖中的小鸟,生怕它闷死,急得额上冒汗,真挚的"赤子之心"显露无遗。

清朝的乾隆皇帝也不失为一个有赤子之心的人。有一天,纪晓岚在背后称他为"老头子",不巧被乾隆听到,乾隆故意借机为难纪晓岚,要他解说何意,否则绝不轻饶。机智过人的纪晓岚答曰:"皇帝称万岁,此谓之'老';皇帝乃万民之首,此谓之"头";皇帝为天子,此谓之'子'!"乾隆与纪晓岚君臣不但机锋相对,两人也都有赤子之心。

在美国的党政要员中,也不乏有赤子之心的人。例如民主党总统候选人斯蒂文森,在竞选期间,为了赢得选民的好感,他表示非常重视儿童,所以在演说时,总会问:"请问你们有谁愿意当总统候选人吗?请举手。"在场的小孩几乎都会举起手来。接着他又问道:"请问各位孩子们,美国总统候选人有谁想再当孩子吗?"说完之后,他自己就立刻举起手来,逗得在场的父母选民们大笑不已。斯蒂文森虽然两次角逐总统宝座,均败在艾森豪威尔之下,但他的赤子之心风靡了全美国。

在中国的二十四孝中,老莱子娱亲,他就是有赤子之心;佛门的师徒之间,老和尚替做住持的徒弟倒茶、切水果来招待客人,这就是赤子之心。

　　幽默是赤子之心的语言，"老做小"是赤子之心的行为。有赤子之心的人，做长官的会把长官做好，做长辈的会把长辈做好。赤子之心，其实也就是所谓的菩提之心啊！

真正的财富

有一个大富翁，拥有千万的财富，别人和他谈话，他都诉说："穷啊！穷啊！"有人就质问他："你万贯家财，为什么还要哭穷呢？"他说："不知道什么时候会有水灾或火灾，所谓'水火无情'，财富会给水火荡尽啊！"

那人再质问之："哪有这么巧，这么多的水火？"富翁说："贪官污吏也会抢夺我的财富啊！"又有人质问道："哪有那么多的贪官污吏？"富翁说："不肖的子孙也会把我的钱财败光，终至倾家荡产啊！"富翁接着又说："还有盗贼土匪、通货膨胀、金融风暴、经济不景气等，都可能使我的财富一夕之间化为乌有，因为财富乃五家所共有，我怎么能不穷呢？"

另外有一个平凡的农夫，经常告诉人家，说他是全国最有钱的富翁。税捐处听到之后，就想要扣他的税，问他是不是自称为世上最富有的人。农夫认可后，税务人员就问他："你有哪些财富呢？"农夫说："第一，我的身体很健康，再者我有一位贤惠的妻子，我还有一群孝顺的儿女，更重要的是，我每天愉快地工作，到了秋冬的时候，农产品都会有很好的收成，你说我怎么不是世上最富有的人呢？"税务人员听完之后，恍然大悟，终于恭敬地对他说："你不愧是一个最懂得人生之道、最具有智慧的富者。"

真正的财富，不一定要看银行里的存款，也不一定是指土地、房屋、黄金、白银，这些都是五家所共有，个人无法独得；人生唯有信仰、满足、欢喜、惭愧、人缘、平安、健康、智慧等，才是真正的财富。

所谓"人为财死"！人往往为了贪财好利，在过分地贪求物欲的时候，丧失了宝贵的生命，真是何苦来哉！假如我们想要拥有真正的财富，明理、勤劳、喜舍、道德，都是真正的财富。因为这些财富不但现世受用，来世还可以受用；不但一时受用，还可以终身受用；不但一人受用，还可以大众受用。

所以，所谓财富，公财、共财、净财、善财，才是真正的财富喔！

人生本色

人都有他一定的角色，把自己的角色扮演好，就叫做"做人的本色"。

社会上，商人有商人的本色；军人有军人的本色；学者有学者的本色；工人有工人的本色；经济学家有经济学家的本色。甚至哲学家、科学家、政治学家都有各自的本色。问题是，既然各人有各人的本色，就应该把自己的角色扮演好。可是有一些人往往把人做得失去了本色，例如青年好强斗狠，他说这是英雄本色，其实这不是英雄的本色，这是狗熊的本色；少女虚荣游荡，她说这是女人本色，其实这不是女人的本色。一个人如果失去了本色，就是失去了立场，失去了人的本位。

花有红、黄、蓝、白，总有它的本色；布料有丝、绸、绫、缎，也都各有它的本色。不管是什么颜色，只要纯真，有人欣赏，有人喜爱，就不失本色。怕的是丝不像丝，绸不像绸；红不像红，白不像白；离开了本色，那就没有什么可取的了。

所谓做人的本色，像史可法、文天祥、岳飞等就是忠臣的本色；像杨国忠、秦桧、魏忠贤等就是奸臣的本色。前年台湾上演的《宰相刘罗锅》，刘罗锅就是一个忠臣的本色。至于和珅当然不是忠臣，但也不是奸臣，更不是佞臣，只能算是弄臣的本色。再如唐玄宗身旁的高力士，乾隆皇帝的三德子，他们连弄臣的角色都不像，只能算是小丑的本色。其他诸如抗日的张自忠、抗清的林觉民，他们都算得上有英雄的本色；曹操、王莽、袁世凯只能算是枭雄的本色；武则天够称有女强人的本色，慈禧太后只能算是乱政弄权，还不够资格称为女强人的本色；孟子的母亲、岳飞的母亲都是慈母的本色；花木兰、缇萦、秋瑾都表现了女青年的本色。

古今社会所有人等，都想表现他们的本色；本色也可以说是做人的形象，每一个人希望把自己树立成一个什么样的形象，那就是人的本色。有的人以坚贞不渝为他的本色；有的人以忠诚不二为他的本色；有的人以勇于负责为他的本色；有的人以勤劳精进为他的本色；但也有一些人，一生不管做什么都不像，也就失去了人的本色。

《古文观止》里的《诫兄子严敦书》说："刻鹄不成尚类鹜者也，……画虎不成反类狗者也"。做人能做得出人的本色，也实在是不容易的事了。

老来子

现在社会上有不少的人都愿意做"老来子"。

年轻的时候，为自己打拼、创造，或者跟随他人工作、献心献力。但是，人生随着岁月的消逝，年龄老了，靠过去的主管，甚至国家来照顾，但是主管、国家因为你年老了，不适用了；靠人，人也因为你岁月无多，也使不上力了。靠自己，青春岁月随着时间消逝，一个女人，人老珠黄，没价值了；一个男人，人老体衰，无人要了。所以，社会上还有另外的一些好心人，他们收容失怙的"老来子"，尽量给予安度晚年，表达人间还有一些温情。

老来子，要有心理建设，人老心不老，对社会还可以做经验的传授；老来子，"好汉不提当年勇"，但也还可以做一些轻松的洒扫工作。眼看现在社会上不少大楼的管理员，有许多都是往昔的厅处长、将校之流，因为能够放下身段，一样可以活得非常自在。

老来子，要安度余年，就算社会有心人给你一点因缘，你也要懂得珍惜，尤其要懂得自我调适，例如：

一、**要感恩**。对往昔曾经用过你、助过你、给过你的人，点滴都应该感恩，因为在感恩的时空里，你会拥有比以前的黄金岁月更多的人缘。

二、**要知足**。人老了，吃，吃不了多少东西；走，走不动多远的路，所以外缘给我们的点点滴滴，都感到很满足。每天有空气呼吸，能不满足吗？经常有太阳的照耀和雨水的滋润，能不满足吗？平时看山看水，看人来人往，还不满足吗？

三、**要用功**。青年学子，要用功读书；年老长者，要用功修行。日常生活中闲来无事，眼睛一闭，双腿一盘，自然会感受到与乾坤同在；口中念佛，脑中观想，自然会有置身净土的感受。能够懂得用功修行，生活才有所寄托，时间才有所支配，老年的生活才会多彩多姿。

四、**要忙碌**。老年人不要想要安闲。安闲无所事事，人家都寄望你等死。所以，老人要自己振作，要自己忙碌；要看、要听、要做、要走，要忙着做义工，忙着各种消遣，如此则虽曰老人，不亦乐乎！

"老来子"，就是你没有地方去，便想要找一个地方，找一个人；即使他不要你来，你也要来，甚至请求他让你来，所以叫做"老来子"。如果你能依以上四点来做，你老而不休，那个时候，国家社会，甚至你的子女就会叫你"老回来"——老了，你回来吧!

所以,一个人何必让人家称为"老来子";为什么不努力做一个"老回来"呢?

你给我

我要，你给我，这是贪心；我欢喜给你，这是舍心。

你给我，只要你愿意，只要你欢喜，只要你心甘情愿；"你给我"，我当然可以接受你的缘分。

我给你，也是同样的道理！我心甘情愿给你，我喜欢给你，我乐意给你；但是如果没有这许多好的因缘关系，你给我、我给你，造成彼此的烦恼、懊悔，这是不当的施予。

从小事上说，你给我一杯水、一张纸、一些帮助、一点因缘，我不觉得辛苦，我不感到为难，我不造成烦恼，我不为此后悔，当然我就乐意接受"你给我"。

如果说，你替我介绍职业，你代我四处宣扬好话；你辛苦地为我做事，你会为我牺牲多少时间、浪费多少体力，如果这许多的心意、精神，造成你心理的压力，引起你内心的不欢喜，这"你给我"就是我的罪过。

同样的，我给你，我也是要给得欢喜，给得甘愿，给得不苦；只要不给得懊恼，当然我也应该可以给你。

但是现在的人不一样了，你有钱，他要"你给我"；你有值钱的东西，他也不客气地说"你给我"；甚至大言不惭地说"你的就是我的，我的还是我的"。其实，"你给我"，代表我贫穷；"我给你"，表示我富有。再说"君子不夺人之所好"，即使是人家有心给我，我也是"受之有愧"，何况是我强行索取，这就是不当之举了。

数十年前，有一位法师到佛光山说，你把寿山寺给我；也有人到美国说，你把西来寺给我，这些都在佛光山成为笑谈。

近闻新庄某寺重建而尚未落成，便有另外一寺的信徒先行前往说：你把寺院交给我们的禅师。后来该寺的禅师也亲自驾临说："你把寺院交给我"。结果建寺的法师明确表明立场说："我有师父，我饮水思源，应该认祖归宗，所以不能给你。"因此索取未成，成为笑话。

由此可见，布施之意是鼓励人要"我给你"，而不是叫人要"你给我"；"你给我"不能形成风气，所以需要重新诠释佛法，才能参透禅机。

自古中华文化讲究守望相助，社区邻里要相互照顾，不但自己对人应"不望益我"；凡有为大众，我当向前，造成社会一种尊重别人之风，人人都有"给人"的雅量。

所谓布施，佛教列为六度之首，自有其原因。佛教讲究喜舍，更提倡小小布施，不像今人，你已给我几千几万，但是我觉得你给我台币不够，应该给我美金；你给我黄金不足，应该给我钻石，养成社会一片贪婪之风，佛教徒实在不应促成此歪风之成长。一时心有所感，故而发抒为文，也为自己诫！

车速的快慢

　　高速公路上，省、市、县道中，或者大街小巷里，到处都有行车速限的规定；车速快慢，关系到行车的安全，所以大家都非常重视车辆的速度。

　　主管交通的单位，不但在特定的地方驻守警察人员，甚至用摄像头做监控，主要都是为了维护大众的安全。所谓"十次车祸九次快"，车速不能不重视喔！

　　道路上，不管弯直、宽狭，或者平坦、颠簸，都有限速的标准。时速规定，必定是经过专家的测量，以大家行车安全为原则。

　　人生也如行车，在人生的道路上，我们能够行走多远？就看我们人体这一部车辆是新是旧，马力是大是小，车子的性能是好是坏，车速的行驶是快是慢。

　　一般道路上，车速快慢不同，有的车辆时速一百二十公里，有的时速只能六十公里；人生的路上，人体的这部汽车性能好坏，行驶快慢，也会因人而有所不同。有的人为了追求功名富贵的目标，太性急了，难免会有抛锚的时候；有的人沿途浏览风光，行驶太慢了，或是别人的汽车性能比你好，他超前而行，你也要能认清自己的能力，不要一味地去跟别人争强好胜！

人生既如车辆，就要不断地上路行驶，才能发挥它的最高效用。如果车辆一直停靠在车库里、路边上，不去行驶，日久也会生锈，车辆的动力就会减弱；如果只顾奔驰，不知保养，不懂爱惜，就如身体过分疲劳，也会有中途抛锚的时候。

车辆行驶除了讲究速度的快慢以外，还要重视车辆的承载力。车辆超载固然不安全，但是装载太少，也是浪费能源。因此，承载多少，既要顾及安全，也要避免浪费。我们的一生，对于社会、家庭承载多少，也能看出每个人这部汽车的性能如何？

所谓车速，当快则快，当慢则慢，如果太快，是不遵守交通规则；太慢了，也是违规。所谓载重，超载固然违规，拒不载客也是浪费，所以美国的高速公路上，特别开辟一条三人以上高承载的车辆专用道，此即为了维护行车的适当与中道。

车速的快慢，人生之道，尽在其中矣！

义工与志工

时代进步了，人类的心灵文明也跟着提升了！有的人化私为公，有的人大公无私，有的人为公奉献，有的人公而忘私。所以，现在社会上公而忘私蔚然成风，许多人都主动地投身到义工的行列，还有的人做志工。

同样都是为社会公共服务，所谓"义工"与"志工"，一字之差，此中的意义却是大有不同！

古人尚义，例如：升斗小民对社会有贡献者，称为义民；士林学者春风化雨，义务兴学者，称为义教。军人仗义，保国卫民，称为义军；侠客行世，除暴安良，称为义侠，甚至劫富济贫的小偷，也称之为义贼。

动物中，也有义犬、义牛、义马、义鸽等。古人更有义井、义亭、义村、义田、义粮、义山等慈善福利设施；今人则以义诊、义演、义唱、义卖等方法，协助社会公益事业的推展。总之，凡是能对社会人类有贡献、利益者，都称之为"义"。

人，都希望要有"义"，希望自己做一个有情有义的人。过去忠臣孝子、义士侠客，都为人所尊敬，所以很多人都发心当义警、义消、义仆、义母（爱心妈妈），希望以义来表达自己为人的价值，所以当义工的人就趋之若鹜了。

现在的社会，固然有一些令人争议之处，但从现在社会上的义工之多，看起来我大中华有了这许多尚义之人，国之精神，国之骨气，所谓浩然正气，足使我中华民族能够傲然立足于二十一世纪，领导群伦，无有愧也！

然而，现在也有一些社团，不曰义工，而称志工；一字之差，其意义实在相距很远！因为"志"之一字，有善有恶，伟大的人物固然立志；江洋大盗，为害社会的败类，也不能说他们无志。

"义"和"志"之不同，正如佛经所说，般若智慧和聪明知识之不同。因为知识有善有恶，聪明也会被聪明误，而般若智慧纯是善良的。如世间的科学，即为知识，有利有弊；而般若纯是让人圆满、升华，是纯善、纯净而无染污的。因此，有"志"于什么事，不一定是最好的事；有"义"于什么事，那必定是好事。从常识上论断，义与志之不同，不言而可以明矣！

死刑的因果

随着自由民主思潮的风起云涌，人权主义高涨，现在普世举凡崇尚自由民主的国家，都很重视人权。

其实，岂但人权重要，生权也很重要。所谓"一切众生皆有佛性"，牛马的责任，只在拉车负重，如果你让它们过分地负荷，也是不重视生权；蓄养鸡鸭，即使是给人宰杀的，你也不能倒挂、倒提，让它们受苦。不知道现在提倡人权的卫道之士，可曾顾念于所有众生生存权利的维护？

更有甚者，有人为了强调人权的重要，因此倡导特赦组织。"特赦"之举，对于许多的思想犯、政治犯，应该给予特赦，这是从事人道主义运动的人的共同希望。甚至，对于社会上许多为非作歹、违法乱纪、扰乱社会安宁的人，也给予特赦，或以其他的刑罚来代替，以免除死刑，这也无可厚非。然而，对于一些杀人致死、伤害人命者，如果也只是为了强调人权而给予特赦，这就有待商榷了。

　　所谓"人权"，就是在不侵犯他人生命的前提下，人人都有生存的权利。世间，最宝贵者，就是生命！佛陀制戒，首重戒杀；人间最残忍的，也就是杀生。所以，从刑法上来看，对于任何的罪刑，除非杀人致死的重刑犯之外，其他的罪刑都可以斟酌轻重，给予特赦，或者以代替役来受罚，例如，罚他劳役、罚他赔偿、罚他关闭、罚他铐镣，这些都还说得过去。但是，对于杀生害命，致人于死者，别人已因你的瞋恨恶行而失命了；失命者再也无法挽回，而杀人者如果不受被杀的因果，对于被害者的家属而言，真是情何以堪啊！因此，杀人者，若要给予特赦，因为不合因果循环，实在是有再做考量的必要。

　　人间的道德，社会的秩序，都是靠法律来维护，让每个人都能受到法律的保障，在互不侵犯之下，各得其所的生存。如果法律不公，自然会引起"不平则鸣"。而因果论更是法律中的法律，孙中山先生说："佛法乃救世之仁，可以补法律之不足；法律防患于已然，而佛法可防患人民的犯罪于未然！"能防患于未然者，就是因果的观念也！

　　所谓"种如是因，得如是果。"此乃亘古不变的定律，因此，杀人者若蒙特赦，如此杀人而能够不被人所杀，此理可乎！

感恩之美

感恩是富裕的人生，受恩是表示贫乏。

我们做人，要感谢父母的恩惠，感谢国家的恩惠，感谢师长的恩惠，感谢大众的恩惠；没有父母养我、育我，没有师长教我、爱我，没有国家护我、供我，没有大众助我、益我，我何能存在于天地之间？所以，感恩不但是美德，感恩是一个人之所以为人的条件！

今日的青年，自从来到世间，都是受父母的呵护，受师长的指导，对世间从未有所贡献，可是牢骚、批评却不断，这里不对，那里不好，视恩义如草芥，只知仰承天地的甘露之恩，不知道回馈，足见现代年轻人内心的贫乏。

现代的中年人，不提国家对他的栽培，长官对他的提携，或是自己的无能，自己尚未能发挥所长，贡献于国家社会，反倒不满现实，诸多委屈，好像别人都对他不起，愤愤不平。因此，在家庭里，难以成为善良的家族；在社会上，难以成为称职的人员。

一些功成名就的人士，取之于国家社会，得自于全民大众的成就。但是当他富有了以后，一直聚敛，一直自我享受，不知奉献回馈。当他福田库中的财富用完以后，不知道他将来还能拥有什么？

羔羊跪乳，乌鸦反哺，说明动物尚且感恩，何况我们万物之灵的人类呢？我们从家庭到学校，从学校到社会，重要的是要有感恩之心。我们教导子弟，从小就要他知道所谓"一粥一饭，当思来处不易；一丝一缕，应知物力维艰。"目的就是要他懂得感恩。

我们从一座桥上走过，就应该想到造桥人的辛苦；我们在一棵大树下乘凉，就要想到前人栽树的辛劳。台南秋茂园的黄秋茂、日本松下电器的松下幸之助，他们都是从苦难中奋斗有成，他们都在积极地回馈社会，他们所表现的，就是感恩之美。

我们在世间，每日食衣住行的所需，我们所感受到行住坐卧的安乐，哪一样不是来自于别人、来自于社会？我们何德何能？如果不感恩图报，不服务奉献，欠下的恩情债务，将来何能偿还？

佛光山在海内外各分院设立滴水坊，目的就是要发扬"滴水之恩，涌泉以报"的美德。我虽不能大益于人间，至少我要懂得心存感恩，当我们能够合掌面对世人，那就是感恩之美了！

日日是好日

　　有的人搬家、结婚，要看日期；丧葬、修建，也要看时辰，甚至要看地理风水。

　　其实，日日是好日，处处是好地也！

　　世界上，一天当中，多少人结婚，也有多少人离婚；多少人庆贺，也有多少人祭悼，哪一个时辰是好，还是不好呢？

　　再看，同一条街上，一样的方向，一样的门户，有的人发财，有的人倒闭，有的人顺利，有的人挫折，究竟他们的地理是哪里出了毛病呢？所以，好时辰、好地理，不是在心外；只要心好，日日都好，处处都好。

　　时辰也不是没有好坏，地理也不是不可看！你要约人家开会，早上六七点，要人家早起赴会，当然时辰不好。你要工作，要人家深更半夜一二点来工作，当然时辰不好。甚至于透过阴阳地理师百般挑选，看好了晚上五六点安葬，日落黄昏，多少的亲友送葬后，在昏暗的灯光下回到家里，这个时辰怎么会好呢?

看地理也不一定看方向、看前后、看左右；只要你觉得适中，觉得适可，就是好地理。例如佛教的行者，当他每天上殿拜佛、斋堂用餐，都不时地找好的地理。当他进殿门时，一眼就要看清楚，哪个地方对他礼拜、让他敲打法器最有利，那就是最好的地理；进了斋堂，哪一个位置能获得行堂服务者早一点为他添饭菜，他认为那就是最好的地理。

一个家里的客厅，供佛像、供祖先的地方，就是好风水；一个客厅里，最大的主位，那就是好地理。一张办公桌，摆在中间非常的气派，那就是好地方。所谓地理，在虚空里，都没有一定的方位；虚空无相而无所不相，虚空哪里有方向？所以东南西北，都是我们自己所假定的；在我们假定的方位当中，你觉得哪里最好，哪里就是最好的地理，就是最好的风水。

所以，我们应该歌唱：世界之中，处处是好地；世纪之中，日日是好日。

见人一善，要容他，赞他，忘其百非；
见人一恶，要警我，惕我，盘算千遍。

做人要能被利用，才是有用之人；
物品要能被实用，才是贵重之物。

未来学

　　佛光大学在公元二〇〇〇年开办招生的时候，设立了一所"未来学"研究所，这是非常创新的一门学问。

　　人，不但是研究过去的历史、研究现在的社会和科学，而且眼光已经注意到未来，所以有未来学的学科。

　　未来学，是一个未知的学科。现代社会处在不断的变化之中，未来是没有发生的情况，要怎样研究它呢？只有从人类过去的历史经验，以及现时生活的体验出发，通过科学思想、各种学科的探讨，预测未来的世界会成为什么样子，这就叫做未来学。

　　地球的未来，人类的未来；未来的战争，未来的经济，未来的生物，未来的太空，举世都在洞察、研究未来。可以说，举世的学者都在奔向未来。

　　人类已经在探索太空，生物学家已经在研究人类生命的奥秘。地理学家引导人类开发洪荒、沙漠之地。

　　在科幻片中，未来的世界，可以搭乘火箭，直达月球、火星、木星。未来的世界，空气可以当饱，树叶可以充饥。未来的世界，石头砖块经过科学的冶炼，可以成为面包，木材也可以制成肉松。未来的世界，人类每日只要一餐，就可以活命。睡在床上，就可以遥控指挥世界。

　　我们不要以为这是匪夷所思，现在的网络、传真、E-Mail，信息已经改变了人类的生活，缩短了人类空间的距离；基因的发现，生命的密码，更是成为讨论的热门话题。

　　其实，在《阿弥陀经》里早已说明，极乐净土是黄金铺地，流水有冷有热；共命鸟的啼叫和流水的声音，都是真理的法音。在极乐世界里，没有交通事故，没有男女欲染，人类都是自由飞行，眼看意想，都有悦乐；所谓随心所取，随意所需，佛教早已把未来的世界规划得非常美好了。

　　所以，未来的世界里，"爱丽丝梦游记"不再只是一个童话故事，而是可以成为真实的世界。我们只希望未来的文明，能让大家和平共有、同体共生；能让大家和平尊重、公正生活。

　　未来是美丽的，未来学是值得推广的一门学科。

有容乃大

一只茶杯，只能装五百毫升的水；一个木桶，却能装二十公升的水。五坪的房间，只能容一个人居住；百坪的大堂，可容千人聚会。山洞，只合于躲藏；天地，则包容万物！所以，有容乃大，实在是古今不易之理。

有人说，宰相肚里能撑船，意味着做大事的人，必须要有大的肚量。古德说，佛陀的心量好比天地，万物在天地里，无不受其包容！所以，肚量有多大，事业就有多大；事业有多大，器量必然有多大，这是自然的结果。

孔子周游列国，居无定处，却能拥有三千弟子；佛陀行脚弘化五印度，讲经时却有百万人天，经常跟随者也有一千二百五十人之多。汉高祖楚汉之争时，多少死忠之士效命于他；唐太宗能容谏臣，因此成就"贞观之治"。武则天看了骆宾王的《为徐敬业讨武曌檄》，不但不生气，反而说："如此人才不用，真是宰相之过"，所以她能成为一代女皇。

慈禧不能包容新政，所以导致亡国；袁世凯不能包容民国，所以他才称帝失败。孙中山包容多少异议人士，被尊为"伟大的革命先行者"；美国的华盛顿、杰弗逊、林肯，他们民主、包容，所以能成为伟大的政治家。

包容并非姑息养奸，诸葛亮虽然包容各方人才，但他为了执法，也不得不忍痛"挥泪斩马谡"；张廷玉是康熙、雍正、乾隆朝的重臣，在电视剧《雍正王朝》中，张廷玉的亲弟弟被绑赴刑场，他也不置一词，他不是无情，实因其弟出卖考题，贪污舞弊，因此法律之前，不容徇私。

经云："一花一世界，一叶一如来。"在沙石中可以见到三千大千世界；万物都能相互包容，我们对于不同的民族、不同的国家、不同的宗教、不同的身份，为什么不能相互包容呢？

耶稣说："爱你的仇敌"，佛陀鼓励人要"怨亲平等"。泰山不辞土壤，所以才能成其高；大海不择细流，所以才能成其大。我们做人处事，要不念旧恶、不计前嫌、不妒人有、不瞋人好。心量大的人，做事自然会得到人助，自然能成其大业。因为"有容乃大"，睽之古今人事，诚乃不虚之论也。

面对问题

人生有很多问题，有的人逃避问题，有的人面对问题。

人生有什么问题呢？从个人来讲，有求学的问题、交友的问题、婚姻的问题、职业的问题、健康的问题、经济的问题，甚至老病死的问题。

在家族来讲，有养家的问题、孝顺父母的问题、远亲近邻的问题、社区服务的问题。

就社会而论，有公共角色的问题、义务权利的问题、参与人群的问题、"爱国忠党"的问题。

问题是躲不了的，你有了问题，就要面对问题，就要想方法解决问题。解决问题的方法：

第一，要诚实信用。做人要诚实守信，遇事更应该讲清楚、说明白，欺瞒蒙骗无法解决问题；"狼来了"只会坏了事情，而不能解决问题。

第二，要亲切和善。解决问题，一定是与人有关。人与人之间，必须要亲切和善，问题才容易解决；横眉竖眼，板着面孔，恶劣的态度，或者官僚气势等，只能增加问题的难度，不容易解决问题。

第三，要为别人设想。设身处地为别人着想，这是解决问题的要件。解决问题是双向的、是彼此的，如果你不能替对方解决问题，他就不能帮你解决问题。所以解决问题不能只站在自己的立场，各说各话，只有增加问题的复杂性，而不能单纯地解决问题。

第四，要自我吃亏。学习吃亏，这是最伟大的聪明人。所谓"要成功必须忍耐，为求全必须委屈"，一个人只要肯自我吃亏，就能解决问题。

当一个人具备了诚实信用、亲切和善、为人着想、自我吃亏等解决问题的基本条件后，当你求职的时候，为人信用诚恳，还怕没有人用你吗？你交友的时候，待人亲切友爱，还怕没有人跟你友好吗？当别人有经济上的欠缺、能力上的不足、身体上的限制、因缘条件上的不具备，你能设身处地为别人着想，主动帮助他，还怕别人不接受你的好意吗？我们在家庭里，虽是父母、兄弟姊妹一家人，也应该学习自我吃亏，甚至在社会上，朋友、同事之间都能学习吃亏，自会得道多助。

所以，面对问题，只要你自己有诚意解决，问题自能迎刃而解。

心灵的画师

"心如工画师，能画种种物！"一个艺术家在纸上画一幅画，画山像山，画水似水；画花如花，画草即草。人生的善恶美丑，在画家的笔下，都能随心所欲地表现出来，所以我们的心灵，就像是一个工于绘画的艺术家，可以画种种的现象。

世间有没有万能的人，我们不能妄下论断；但是，世间有万能的心，这是可以肯定的。我们居住在陋室之中，可是心能驰骋于万里之外；我们行走在道路之上，可是心能上达天堂，入于地狱。

我们的心，一心可以拥有十法界，十法界中，有四圣六凡。四种圣人之道即：佛、菩萨、缘觉、声闻；六种凡夫之途是：天、人、阿修罗、畜生、饿鬼、地狱。

我们的心，每天往来游走在十法界众生之中，时而佛心、菩萨心，时而畜生、饿鬼的心，所以每一法界都拥有"十法界"，每一法界又有"十如是"，这就是《法华经》里所说的"百界千如"，这是非常高深的哲理，也就是说明心的画师种种奇妙的作用。

我们的心就像艺术家，世界美丽的风光，我们可以把它画得非常的逼真；都市中阴暗的陋巷，我们也可以把它画得跟真实的一样。甚至我们的心又像一个雕塑家，可以雕塑出天使、女神等不朽的艺术作品，但也可以雕成魔鬼小丑，令人憎厌。我们的心又像一个音乐家，可以唱出清脆动听的歌声，也可以唱出凄凉悲哀的声调；我们的心，也像是一个工程师，可以建筑华屋广厦，但也可以建成茅房陋居。心是万能的，心中的宇宙可以随意变化，为什么我们不好好地用它来做一些善美的事呢？

总之，我们的心如工画师，能画种种物，所以一个人每天的举心动念，都要存正、存诚，都要有道、有德，千万不要把心放弛不管。心能带我们上天堂，心也能带我们下地狱，我们平常总希望别人来听我们的话，其实重要的是，我们要让自己的心来听我们的话。我们能够掌握自己的心，把心规划成是佛、是菩萨，则我们自能随心放旷，任意逍遥，那么解脱自在的自我不就当下可得了吗？

工作信条

现代的社会，广泛流行着做人的格言和处世的座右铭；但做事时，更需要有工作信条。

有的人以诚实作为工作的信条，有的人以勤奋作为工作的信条，还有以服务、牺牲、亲切、热诚，作为工作的信条。佛光山的工作信条，最为现代人所欣赏。

简单说，佛光山的工作信条，就是一个字——"给"。不要小看这一个"给"字，它实在有很大的威力。将一点水分、肥料给花草树木，花草树木就会长得更加青翠芬芳；给一些种子播撒在泥土中，它就会生长出许许多多的果实。给人一些慈悲，给人一些佛法，都有意想不到的效果。

佛光山的工作信条，是给人什么呢？

一、给人信心。《信心门》之歌说："世间的财富，要用信心的手去取；辽阔的江海，要用信心的船来渡。丰硕的果实，要用信心的根生长；无尽的宝藏，要从信心的门进入。"做人，对国家要有信心，对前途要有信心，对佛教要有信心，对自己要有信心，因为有信心，就有力量。

二、给人欢喜。做人不能给人烦恼、给人伤害、给人难堪，要给人欢喜，要把欢喜布满人间。说话，要说让人欢喜的话，做事，要做让人欢喜的事；给人问好，给人笑容，给人体贴，给人照顾，都是给人欢喜。世间，再没有比欢喜更宝贵的东西了。钱多了，给人会有副作用；东西太多，给人没有地方存放，而把欢喜给人，永远不怕多。

三、给人希望。人生在世间，最需要的就是有希望；希望有明天，希望会更好，希望能有所得，希望能顺利、吉祥、平安。所以，在人颓唐的时候，要给他鼓励；在人失意的时候，要给他安慰；在人消沉的时候，要给他力量。在任何时刻，都应该给人希望。

四、给人方便。与人合作共事，不要为难别人，不要推三阻四，要给人一些因缘、给人一些方便，要帮人解决一些困难，多一些服务给人。例如，在暗夜的地方，点亮一盏明灯；逢到干旱的时候，在路边施一壶茶水；阴雨的时候，在公共地方布施一些雨伞，在旷野之中建设一些凉亭等，这都是给人一些方便。

工作的信条很多，假如能做到：给人信心、给人欢喜、给人希望、给人方便，收获的不只是别人，自己也能得到很大的利益喔！

慎言的重要

人生，有人喜欢饶舌，但也有人习惯于慎言。饶舌的人常常会吃亏；慎言的人，比较不容易受到伤害。

语言，有唠叨，有危言，有狡辩，有贫嘴，有妄言，有绮语，有恶口，有胡说，有冷语，有争议。语言容易犯的毛病何其多，所以不得不慎言。

有人把语言形容成刀剑一样，因此愈显得慎言的重要。孔子是一个非常慎言的人，他待人诚恳恭谦，看起来好像不擅言辞，但在公开场合里，他说话又非常能言善辩。所以，孔子一直在陈说一个道理："言忠信，行笃敬，虽蛮貊之邦，行矣。言不忠信，行不笃敬，虽州里，行乎哉？"

说话有理就能走遍天下，就能到处通行无碍；如果说话无理，即使是在家乡本土，也是寸步难行。

范雎在卫国见到秦王，尽管秦王求教再三，他都沉默不语；诸葛亮在荆州，刘琦也是多所请教，诸葛亮同样再三不肯说。最后到了偏僻的一座阁楼上，去了楼梯，范雎和诸葛亮才分别对秦王和刘琦指示今后方向，所以历史上的"去梯言"，就表示慎言的意思。

现代的人喜欢信口雌黄，好谈论是非，说三道四，大放厥词，谬发议论，有时候危言耸听、标新立异、故弄玄虚、轻口薄言、冷语冰人；说话如剑，到处制造口业，所以让人感到世间唯哑巴是最慎言的人，也是最不造作口业的人。

东晋时的王献之，一日偕同二个哥哥王徽之、王操之，一起去拜访东晋当代名人谢安。徽之、操之二人放言高论，目空四海，唯献之三言二语，不肯多说。三人告辞以后，有人问谢安，王家三兄弟谁优谁劣？谢安淡淡地说道：慎言最好！

现在政府的官员里面，谁会做官，谁不会做官？当然要从多方面去考察，但是真正会做官的人，必定慎言！若幕僚人员都出来振振有词，说东道西，因为他们不慎言，反而害了他们的主子。

在佛教里，禅门的大师们常常是一言不发，如维摩居士在不二法门的辩论会上，他不发一言，使文殊菩萨大为折服，称赞老维摩是"一默一声雷"，这才是真正会说话的人。佛陀说法四十九年，但佛陀却自谦地说："我没有说过一个字"！

类似慎言如此，"沉默是金"，诚信然也！

放下与拿开

　　有人说，心上有一块石头，你可以把它拿开，不拿开，压力太重了！有人说，面前有一块石头，你要把它搬走，不搬走，不好向前！有人说，院子里有一块石头，你要把它放好，不放好，不好看！

　　心上的石头是什么？忧愁、苦恼、悲伤、怨恨、烦闷、挂碍；尤其一股委屈之气，比石头更加严重！不把这许多东西放下，心上压力太重了，日子实在不好过！

　　有时候，一个人成为我们心上的石头，有时候，一件事成为我们心上的石头。金钱、房屋、土地、物品，都会成为我们心上的石头。石头不放下，日子总是不好过。

　　想想我们一个人，也真是很有承担力，心上的烦恼就不知道有几千几万斤重！还有人情、经济、生活的压力，都不容易承受，尤其是非人我、得失好坏，这许多的石头，一直压在心上，难怪现代人都要学习纾解压力，就是要想放下心上的一块石头。

岂止是心上的石头难以放下，面前的石头更是难以搬开。什么是面前的石头呢？公家的一个政策、团体的一个计划、他人批评的一句言论、不同人事的一个主张，甚至纷至沓来的指责、批评、教训、毁谤，都是不容易拿开的石头喔！

心内的石头、心外的石头，一定要靠自己拿开，靠别人帮忙是不可能的。别人的劝解、安慰、鼓励，也只是一时的，别人今天帮你挪开了心上的石头，你明天、后日，还是会再有新的石头堆积起来。

新的石头有时候不是别人搬来的，而是自己找来的。所以，无论是放下石头，还是拿开石头，最重要的是"解铃还须系铃人"，最好是学习佛法，用戒定慧搬开你心上的石头，用八正道化解你心上的石头。如果是心外、面前的石头，你可以用智慧、慈悲、结缘，改变外在的石头，外在的石头获得了你自我的改变，那么石头也就不成其为石头了！

佛说"放下，就会自在"，能够照见五蕴皆空，当然就会度一切苦厄，当然就能自在了！

朋友的种类

人生得一知音，死而无憾！可见朋友的重要。

但是，朋友也有好多种类，有忠友、难友、信友、诤友，还有挚友、善友、密友、畏友。另外，互相以学问切磋的，称为学友；在道上相互提携勉励的，称为道友；经常受其指教助益的，称为益友。也有的是共同参加集会的，可以称为会友；共同结派成党的，叫做党友。

朋友要肯指正错误、患难与共，才是真正的朋友。但是，世间也有的人交友反受其累，比方说损友、恶友、利友，这些酒肉之交、狐群狗党，有时趋炎附势，有时攀龙附凤，见利忘义，就如《孝经》说的"有友如华"：当你得意的时候，他把你戴在头上；当你失败的时候，他就弃你如敝屣。

朋友的种类，形形色色，不胜枚举。也有的朋友如蝇逐臭、如蚁附膻，所谓利害相交，吃喝玩乐，这就不能成为义友、好友了。也有的朋友，一生蒙受其益，靠友成功。这种朋友如兄如弟，彼此肝胆相照、推心置腹，遇事开诚布公，坦诚以对，这种朋友相交一生，彼此互助。

人的一生，在二十岁以前比较容易得到患难至交；三十岁以后，因为相互猜忌、利害冲突，因此难以结交到生死不易的朋友。

古人交友，所谓"君子之交淡如水，小人之交甜如蜜"。其实，淡如水不见得是好，甜如蜜也不一定不好。朋友之交，重要的是相互了解、相互帮助、相互切磋、相互原谅。所谓"友直、友谅、友多闻"。如果交到一个朋友，锱铢必较、重利轻义，则友谊必定不能长久。

有人说，朋友是"物以类聚"，但世间也有例外，如猫和狗为友、鼠和猫为友、狮和虎为友、乌和鹊为友，可见不同的种类也能成为朋友。

三国时代的刘备，对朋友的看重更甚于妻子。他曾说：朋友如手足，妻子如衣服；衣服破可以补，手足断不能合，可见其对朋友的重视。

朋友，最好不要有金钱往来，彼此只在道义上结交，在知识上结交。朋友必须要有共识，才能深交，然而对于思想不同的人，只要其德可取，也应该异中求同。尤其，与朋友交，一开始就要想到自我吃亏，不要凡事只想占对方的便宜，如此相交，友谊才能永固。

抢功

　　自古以来，世界上发生了多少的战争，也成就了多少的将帅人才。在这些时势造英雄的人物当中，有许多争功希宠的人，历史书上的记载，真是昭昭在人耳目！即使是到了现代，军事上谎报军情，争功造势的人，仍然多不胜数！

　　现在的民主时代，所有民选首长，任期都只有数年而已。经常听到有人说：这条路是某某市长建的、那座桥是某某县长造的，以此向选民邀功，以表其功在全民。

　　其实，一将功成万骨枯，一条路、一座桥，国家多少的资源，人民多少的辛苦，哪里是首长个人的作为？

　　曹操兵败赤壁，张飞掳获了多少的车辆马匹，赵子龙也拦截了多少的俘虏，关云长却说：我一点战功也没有，反而放走了曹孟德。

　　但是，在刘玄德的心目当中，建立第一战功的人，不是张飞，也不是赵子龙，而是关云长，因为他代替刘备和自己报答了当年受曹操收留的恩情，今后可以不必再顾忌人情，正可好好放手一搏，所以刘玄德认为真正有功的人，是关云长。可见真正的功，不但要实在，有时施恩于人，也是战功。

中国台湾九二一大地震，民间争着救灾，但是也争着抢功。尤其，有一些慈善团体，当别人在忙着救济，他却在一旁忙着悬挂横标供记者照相；当别人在那里忙着抢救伤患，他也在一旁忙着记录，当成是他们所做！

例如，有闻一些宗教团体，到灾区大量烹煮饭菜，但是另一个宗教团体却以他们的碗盘盛装热食，供给灾民食用；结果大家一再感谢眼前施饭施粥的人，却不知道后面真正供应饭菜的人是谁？抢功盛行，连在宗教团体里，也有如此作风，令人不胜嘘唏！同时也不免感慨：世间真相，真难料矣！

现在是个功利社会，争功争胜，总是难免。不过也要能做到"不必争人之光荣，不必抢人之功劳"，这是做人的基本修养。

总之，穿起制服，在灾区走动的，未必有苦劳贡献；照相拍电视，用别人救济品竖立自己的布条，伪善造假，失去为善的意义。

宗教负有改善社会之责，去假存真，曷信乎来！

人生山水画

　　人生像什么? 人生就像一幅山水画!

　　所谓山水画,有浓淡、深浅、远近、高低、起伏、明暗等种种的色调与伏笔;透过色彩浓淡的铺陈,才能显得出山水画的意境:有时千山万水,层峦叠翠;有时风强雨急,枯枝败叶,这不都像是人生的写照吗?

　　一幅山水画:春暖花开,万紫千红;画中鸟语花香,莺飞草长的美感,跃然纸上。让人看了这一幅山水画,意气飞扬,欢欣鼓舞,这样的人生,美不胜收!

　　但也有的山水画,景致疏淡,荒烟蔓草,小屋炊烟,鸡鸭数只,显得家贫无物。好一幕平淡萧飒的景象,这也意味着一些升斗小民,村夫百姓,不胜负荷的人生。

　　有的山水画里:悬崖绝壁,千山万壑,山峰高耸,插入云霄,犹如人生身居高位,达于巅峰,却又不免令人兴起高处不胜寒的唏嘘! 也有的山水画里,峭壁小径,前途无路,就好像人生的艰辛，找不到出路。

有时，山光云影，水天一色，云淡风轻，碧波万顷，浩浩荡荡，又感到人生的前途远大，还是可以奋发飞扬，勇往前进。

有的时候，山水画里，枝叶扶疏，茅屋数椽，老圃黄花，秋山红叶，又像隐士，逍遥自在地安度人生！

有的山水画，环山抱水，波光粼粼，金碧耀眼，就像是浮宦世家，豪门贵府，好一幅气象万千，气势磅礴的豪迈景象。

人生，有的人生来一路顺畅，就像色彩鲜明的山水画；也有的人生不逢时，一生当中，这里挫折，那里阻挠，就像山水画里的"山穷水尽"。但是，有的人虽然遇到横逆阻绝，但却越发激励斗志，他相信人生会有"柳暗花明"的时候，所以山水画里，虽是高山峻岭，坎坷崎岖，他也能翻越飞腾，勇猛前进。

人生，生活在山水之间，有的时候感到水送山迎，天地有情；有时候高山阻断去路，水波茫茫，不知前途何去何从？

一幅山水画，是艺术家的杰作！画中的布局，是近是远，是山是水，是曲折是平直，都在于我们自己的执笔。我们如何来彩绘我们人生的山水画呢？就看各人的人生取向而定了！

流行文化

　　人都喜欢追赶时髦，喜欢随着流行的风潮走。因为现代人心中只知追求外在的时尚生活，都是一窝蜂地跟随流行，很少去思考是非得失，所以大都缺乏思考的能力，即使是依照行事，跟随流行，但总让人觉得庸俗、肤浅。

　　牛仔裤，风靡了全世界；手提电话，成为现在每一个人的随身配备。不能得到，有人用偷，有人用抢。好像不穿牛仔裤，就失去了现代人的姿态，不用手提电话，就失去了他的身份一样。

　　法国的时装专家，为了满足全世界的贵族妇女的需要，绞尽脑汁，不断地推陈出新，制造各种流行的服装。各国的汽车制造业者，为了迎合年轻人追求新奇、追求速度感的心理，也在别出心裁，不断地推出各种款式新颖的拉风跑车。然而，高速公路上，因此造成了多少的车祸，甚至多少人因此成了车轮下的游魂！

现在的社会，还流行健康食品、瘦身减肥、水疗治病。甚至不少年轻人迷上网络交友、网上购物、电子邮件、个人网页等，也有人以收集凯蒂猫、皮卡丘、趴趴熊等玩偶为时髦。

现代人追求时髦，并非不可，但是如果忘记了正当的目的，失去了自我的特色，只是一味地追逐流行，就不是一件好事了。

我们看，古代的圣贤君子，他们不肯媚俗，不肯随世浮沉，只一心一意地充实自我，表现自我的特色，最后反能留名青史。例如，姜太公垂钓于渭水，他不去攀附权贵，最后被文王发现，成为最早的政治家；诸葛亮高卧隆中，不求闻达于诸侯，最后仍受刘备的"三顾茅庐"，而于隆中为刘备奠定了"三国鼎立"的局势。

也有很多文人的举子，他们受佛教思想的熏习，不尚物欲，不受世累，像苏东坡贬官海南岛，他仍能怡然自适；像陶渊明不为五斗米折腰，毅然辞官，享受田园之乐。这都是不随世浮沉，不随俗流行的最好模范。

流行文化，这是现代社会的产物，是现代人心的崇尚。但是，一个规矩的人，要先务本，本立则道生，何必要跟随肤浅的人去追逐流行呢？

最好的选择

　　世间的事，有的可以选择，有的由不得你选择。例如，父母，你没有办法选择；兄弟姊妹，你也没有办法选择。生而是男是女，不是你能选择的；容貌的美丑，身材的高矮，也由不得你作选择。

　　你能选择的，是后天的人生前途。你可以选择慈善的人生，你也可以选择作恶的人生；你可以选择积极的人生，你也可以选择消极的人生；你可以选择利人的人生，你也可以选择自私的人生；你可以选择知识的人生，你也可以选择愚昧的人生。以上这些，都是你可以选择的！

　　不过，有时候虽然有心向上、向前、向好，但由不得你自己，事与愿违。你有心为善，但力不从心；你有心向上，但没有余力。当然，有许多的罪业，也并不是大家有心违反；例如牢狱里的罪犯，也不是自己有心要关进去的。有的人，因为意志不坚，被不好的因缘所牵引；有的人，智慧不够，是非认识不清，因而误入歧途。所以，有一些事情实在是由不得你的选择。

例如，贫富之间，你当然希望选择荣华富贵，不喜欢选择贫穷下贱，但有时候因为过去的业力因缘，也由不得你决定；有时候富商巨贾，一呼百诺，你当然希望人生如此，而不希望选择失业贫穷的人生，但有时候时势因缘，也由不得你呀！

有的人，风度翩翩、庄严美貌、聪明才智、大方灵巧，你也想，若能拥有这些多好！这一切好像也都是由命运注定的，由不得你想要就有。

有的人，要聪明，未必有聪明；要爱情，未必有爱情；要金钱，未必能发财；想要一点因缘，偏偏就少了因缘。现在的不能如我所愿，这都是由于往昔的因缘不具备，但是对未来的因缘，只要我现在播种、结缘，我就可以选择我未来人生的需要！

我现在可以选择有道德的人生，可以选择有慈悲的人生，可以选择服务的人生，可以选择奉献的人生。信仰、勤俭、施舍、知足、精勤、惭愧等，都是我的选择；你有了这许多的选择，虽然一时不能全都如愿，但是一旦因缘际会，你又何愁你的选择不能称心满意呢？

养生与养性

中国的士大夫非常重视养生，不但注重养生，而且注重养性。

说到养生，平常要进补。此外，有的要休假，有的要旅行，有的重视康乐活动，有的甚至退休，都是为了养生。其实，现代人养生，可以运动，可以劳作，可以注意饮食，可以和大自然结合在一起。

在佛教里，也提到养生。养生之道，生活作息要有时，每日饮食要节制，朝夕作息要正常；时时心中要有正念、正思维，减少欲望，少贪少瞋，少嫉少恼，这都是养生之道。当然，也有人用礼拜、用禅坐、用经行，乃至用莳花植草、出坡作务，作为养生之道。

养生之外，还要养性、养心。心性是人体所依的根本，你不把心性养正、养善、养好，根本不立，所谓"皮之不存，毛将焉附"？所以，人生修养心性，在儒家讲"吾善养浩然正气"。佛教讲，不但要养生、养性，最主要的是要明心见性。而在未达到明心见性之前，心性要柔和，心性要广大，心性要安然，心性要平和！如果心性闭塞，心性强硬，心性执着，心性迷暗，如此要想明心见性，可就难矣也！

我们的心性如水，水明如镜、水净如天，但因无明业风，使心性之水掀起了滔天波浪，所以修心养性，就是要把心性导之于沟、导之于渠、导之于平，否则容易泛滥成灾。

我们的心性如水，水性下流。人，学坏很容易；学好则如水往上流，十分艰难，所以说"学如逆水行舟，不进则退"。

养生是为了健康，养性是为了完成人格。但是，养生不是为了强壮身体，好勇斗狠；修养心性也不是自我闭塞，不管国家大事。所以，一个人平常不重视自己的修养，不能养成志愿、养成勇气、养成力量、养成明理，则很容易就会成为下流。

自古以来，多少学问家，都希望以教育来养生、养性；许多的宗教家，也都以自我克制、扩大爱人，来表达自己养性的功夫。

庐山慧远，三十年足不出庐山，养性的功夫令人尊敬；达摩祖师九年面壁，也是修心养性，先用禅定养成克己的功夫。佛陀的弟子，随佛出家后，各自在山林水边，崖穴洞窟，修炼养性的功夫；中国的禅者，像雪窦禅师等人，在古寺丛林里陆沉多年，总希望能把养性的功夫做好，将来龙天推出，可以福利大众，普利人天。

养生，是形可立；养性，是心完成。有形有神、形神俱全，还怕自己不能成就完美的人生吗？

教育的爱与严

　　教育应有无限的方便！有的老师以严格为教育的手段，有的老师以慈爱作为教育的方便。

　　佛教，就是教育。当你初进寺院的大门，一尊笑口常开的弥勒佛，会以笑容爱心来迎接你；当你进入山门，有一位手执金刚降魔杵的韦驮天将，可能也会以严肃的面孔为力来折服你。其实，真正进入了寺院的中心，大雄宝殿里的佛菩萨，有爱的鼓励，也有力的折服。恩威并济、宽严并施，这就是中道的教育了。

　　在一个家庭里，父亲教育子女，大都采取严厉的手段，而母亲则是以慈爱为鼓励。光是严厉的责备，儿女不服；光是爱的鼓励，儿女不怕。所以，真正的教育，有时要以力的折服，有时也要有爱的抚慰。正如《禅林宝训》说："煦之妪之，春夏之所以成长也；霜之雪之，秋冬之所以成熟也！"

　　我国的社会，从事教育工作的老师，往往忽略了教育要双管齐下。爱和力，严与慈，失之以偏，因此不能收到预期的效果。

　　在佛教里，喜以捉弄人为乐的罗睺罗，在佛陀严与爱的摄受下，终于成为十大弟子中的密行第一；优婆离因其为首陀罗出身，自卑感重，经过佛陀给予许多的慈爱鼓励，终于成为持戒第一的弟子。为佛陀殉难的目犍连，佛陀不仅对他关照有加，甚至连他的母亲，佛陀都慈爱的关怀，给予济度；阿难尊者几十年的侍者生涯，佛陀的教导、爱护，使其成为多闻第一的弟子。

　　在禅堂里，出了一个小偷，禅者大众请堂主依戒规加以迁单驱逐。堂主点头示意说好，但却一直没有采取行动。过了一段时日，小偷又再继续偷盗，窃取他物，大众禅者，又再向堂主诉愿，请堂主立即将其开除。堂主一样示意说好，但是仍然没有行动，而小偷也依旧恶习难改，又再重施故技。大众终于群起抗议，声言如果不将小偷迁单，大众将集体离开。堂主和颜悦色地告诉大众："你们大家想要离开的，尽可以离开，但是你们指责的小偷不能离开。"俄顷，堂主又说："你们各位都是健全的人，你们离开了，不管走到哪里，都可以安身立命；但是此一小偷，他心志不全，如果连禅堂都不能接受他，社会如何能容纳他呢？"禅者大众闻言，皆受感动；小偷也心生悔悟，从此改过自新，成为一个真正的禅者。

堂主的作风，正是严与爱的最佳教育！

进退之间

学开汽车，只知前进，不是高手；要会倒车，才更高明。学开轮船，不能一直前行；有时转弯、倒退，更为重要。

做人，不是一意地猛冲，走向前去；所谓进退之间，是人生应有的修养哲学。

你只知道向前，碰壁的时候，你怎么办呢？你只知道退后，后面有个悬崖、陷坑，你怎么办呢？所以，做人要当进则进，当退则退。进退如仪，才是合理的人生。

我们鼓励一个人，要勇猛地向前，但是我们也要知道，人生的前面只有半个世界，你回过头来，后面还有半个世界，所以不必认为前进一定是好的，也不要认为后退就一定不好。

人的一生，应该要能进能退，进退自如。一场战争，胜利的时候，冲锋陷阵，勇往向前，固然重要；败军之际，周折迂回，转进后退，如果没有大将之风，不擅指挥，则后果不堪设想。所以，胜战易打，败退艰难。因此，人要能善于前进，也要能懂得后退。

语云：大丈夫达则兼济天下，不达则独善其身。不能向前的时候，你硬是向前，则前途多乖，前途危险；不应该后退的时候你一直后退，退到无路可退的时候，你又怎么办呢？所以，《百喻经》中"不退一步"的譬喻，实在可以作为我们在进退之间，重新估定一个立场。

向前进，是我们的责任；往后退，也是我们的责任。破冰之旅，冒险前进，而你不进，则如何能到达目标呢？要你退守最后防线，以保安全，而你不退，则又如何善后呢？

所以，进退之间，就是要我们在社会上，不管任何时候，都要能进能退。我们在功名富贵场中，要"能进则进，能退则退"；我们在朋友、感情、金钱之中，也要"当进则进，当退则退"；甚至在亲族、父母、人事之中，也要能"应进则进，应退则退"。

一部机器性能好的时候，就能进退自如；一个人能够通情达理，自然也会进退有序。进退之间，你是不是都能把握得宜呢？

竞赛时，要有「我最好」的信心；

落选时，要有「你最好」的风度。

包容异己的存在，包容伤残的尊严；
包容冤仇的伤害，包容无心的错误。

失败的原因

《佛光菜根谭》说："有苦有乐的人生是充实的，有得有失的人生是公平的，有生有死的人生是自然的，有成有败的人生是合理的。"

人的一生，成败不定。成的时候庆贺欢喜，败的时候自怨自艾。其实，成败的关节，应该都是有因可循的。

失败的原因很多。有的人说，骄者必败，历史上气盖山河的楚霸王，不就是因为骄横而失败的吗？有人说私欲必败，王莽篡位，曹操窃国，虽然得逞一时，最后都难免受到史笔的诛伐。

一个国家的领导人，如果没有以国为国，以民为民，只图一己之私利，最后也都难免亡国以终。例如：昏庸无能的后汉献帝、桓帝，西蜀的刘禅，再如荒淫无度的商纣王、隋炀帝等，不都是最好的明证吗？

有的人不擅领导，如崇祯皇帝至死仍说"朕非亡国之君，臣乃亡国之臣"，他就是没有反省自己的领导无方、用人不当；有的政策错误，如梁武帝的"时而佛教，时而道士；时而出家，时而做皇帝"，这都是他们失败的原因。

综观国际的历史，美国华盛顿立国无私，所以后来付之于民主，成为美国开国之父；反之，尼克松因"水门案"而丢失了总统的宝座，可见历史上的领导人，凡得罪于民，或贪污舞弊，就需要下台。

法国的拿破仑，虽然雄心万丈，想要征服欧洲，最后却惨遭"滑铁卢"之败，可见好勇急进，必定不能成功。

唐朝的杨国忠，擅长迎合上意，吹牛拍马，导致"安史之乱"；明朝的魏忠贤，阴狠狡黠，玩弄权势，引来"东林党争"，可见国有小人，岂能不灭？

阿富汗、克什米尔一带的丝路佛教艺术，数度遭受异教徒的破坏，佛教因为太过自我和平，致使无力护教，可见和平也是要有实力，没有大勇大雄力，失去降魔的精神，就无法获致和平的胜利。

一个能干的人，小事他也能做成大事；一个不能干的人，大事也会做得一败涂地，潦倒以终。失败的原因，一人主义、孤家寡人，不懂集体创作，不懂集体领导，刚愎自用，家族私有，愚痴执着，树敌而不广结善缘，这都是值得我们自我警惕的失败的原因喔！

人权与生权

　　人类的文明进展，从上古时代的神权进化到今日的民权时代，现在举世都在提倡人权。

　　台湾在多年前，所谓的"白色恐怖"时代，也不讲究人权，人民的生死，操纵在一些政治人物手中。由于一些泯灭良知的干部，一意曲承主管的意思，造成许多的冤狱。没有人权的社会，让人民似乎又回到了古代见不得天日的黑暗时代一样，痛苦不堪。

　　现在时代不同了，人权抬头了，要求人权的呼声响遍了世界，想要骑在人民头上，作威作福的独裁者，已经禁不起舆论的制裁了。中国的儒家，其实早就提出"顺民者昌，逆民者亡"；又说，"天地人"三才必定有同等的权威。上天，人人敬畏；大地，人人爱护；人类，应该普遍受到尊重。歧视民权，就是与时代思想的潮流相背离，必然无法立足于这个时代，更不能长久存在。

当人权有了，进一步更要注重生权。佛说："大地众生皆有如来智慧德相"。对于现在人类残杀生灵，不尊重生命，其实也如上古时代的暴君一样，世道仍然是不公的啊！

现在讲究生权，最先进的就是美国。鸡鸭倒提，要罚款；牛马拉车过重，主人要受法律制裁。在野生动物园区开车，要让野生动物先行。尤其现在世界的环保组织，对于生态的保护，更加有了长足的进步，如果贩卖走私象牙、犀牛角、虎鞭、熊胆，都要判刑，真为天下的苍生庆幸。

但是，还有一些落后的地区，大量地屠杀稀有动物，如撒网捕鸟，电毒游鱼，冬吃香肉（狗肉），甚至大街小巷公然地挂出生吃活鱼等招牌，种种残忍的手段、残忍的行为，不知道这许多痛苦如果加诸在自己身上，是如何感受？

语云："莫道群生性命微，一般骨肉一般皮；劝君莫打三春鸟，子在巢中望母归。"

现在民权进步了，我们希望生权也跟着提升。阿弥陀佛！

难忍能忍

忍，是中国文化的美德；忍，也是佛教认为最大的修行。无边的罪过，在于一个瞋字；无量的功德，在于一个忍字。

佛陀说："不能忍受讥讽毁谤，如饮甘露者，不能名为有力大人。"平时，一个人忍寒忍热容易，忍饥忍饿也不算困难；甚至忍贫忍穷、忍讥忍谤，都还容易做到，但是要忍一口气，就不是人人所能忍得了的了。

法院里，每天许多上诉告状的人，并不完全是为了财利，很多人只是为了要出一口气，所以要到法院里去赌个输赢。其实，人生的气恼当然难忍，然而正因为难忍，所以才更要忍，如果容易忍，还要你来忍吗？

布袋和尚说："有人骂老拙，老拙自说好；有人打老拙，老拙自睡倒；有人唾老拙，任他自干了；他也省力气，我也少烦恼。"忍，是天地间最尊贵的包容雅量；忍，是宇宙中最伟大的和平动力！

　　须菩提尊者在修忍辱波罗蜜的时候，你叫他坐，他就不站；你要他立，他就绝对不坐，这不是懦弱，这是忍的力量。《金刚经》中，佛陀说他自己做忍辱仙人的时候，被歌利王诬陷、割截身体，他都不生气，他所表现的正是"难行能行，难忍能忍"的修行功夫。所以，成佛要有三十二相八十种好，要福慧俱全，这就是佛陀的"三祇修福慧，百劫修相好"；相好从哪里来呢？都是从忍中修来的啊！

　　忍，不是懦弱，不是无用；忍，是一种力量，是一种慈悲，是一种智慧，更是一种艺术。忍之一字，是接受，是担当，是负责，是处理，是化解，是承担的意思。正如孟子说："天将降大任于斯人也，必先苦其心志，劳其筋骨，饿其体肤，空乏其身，行弗乱其所为，所以动心忍性，增益其所不能。"这就是忍的大勇大力。

　　"忍字头上一把刀"，一般人在受了欺侮、冤屈的时候，往往痛哭流泪、暴跳如雷。但是，哭过了，跳过了，也就没有力量了。假如能忍住眼泪，忍住暴怒，保持平和，保持镇定，这才是涵养力量，这就是忍的功夫了。

　　忍，有生忍、法忍、无生法忍。我们要透过生命的力量，发挥"生忍"；我们要用佛法的慈悲喜舍、般若智慧，实践"法忍"；我们要能如如不动、不生不灭，完成"无生法忍"。

　　世间，洪水暴风，枪炮子弹，都不是最大的力量，最大的力量，就是我们的忍喔！

正信与迷信

人，是一个有信仰的动物。说到信仰，就有正信与迷信之别。

每一个有信仰的人，都不承认自己的所信是迷信，他认为他的信仰是绝对正确的，不然他怎么会信仰呢？其实，正信、迷信，由不得你自己认知，因为正信有正信的条件。

正信的条件是：

第一，你所信仰的对象有历史事实根据吗？

第二，你所信仰的对象有道德慈悲吗？

第三，你所信仰的对象有能力救苦救难吗？

第四，你所信仰的对象人格能净化吗？

合乎这许多条件，你就能信仰，就是正信；否则你不懂、你不知、你不明，那就是迷信。

当然，迷信也不是绝对不好，迷信得对，只是因为不懂，还并无太大的伤害。

迷信不要紧，就怕邪信！你宁可以不信，但不能邪信！佛教就是一个驱邪显正的宗教，你不信因果，就是邪见，你有断灭见，就是邪见，乃至我见、边见、见取见、戒禁取见等，都是邪见。

现在有一些学佛人士，感情用事，相信"即生成佛"、"百日升天"，相信怪异神奇，相信活佛真人。没有经过道德、智慧、慈悲、正直去评判的，在信仰途中，总容易走错了路。假如我们能小心，不要被邪见所骗，不要被迷信所迷，就得要正信。

所谓正信：

第一，要相信善恶因果必定有报应。

第二，要相信世间绝对有圣贤好坏。

第三，要相信人生必定有过去、现在、未来。

第四，要相信世间一切都是因缘和合所生起。

佛教，你可以不相信佛祖，但你不可以不相信这些道理喔！

借口之害

　　人，有一个习惯，遇到一些疏忽的事情，总想找借口为自己说个理由，弥补过失。例如，约会迟到，迟到就应该表示抱歉，但是他总要说出很多理由。例如：我要出门的时候，正好来了一通电话；今天路上塞车严重；今天下雨；临出门时，忽然有个朋友来找我……总觉得我迟到，你不能怪我，要怪就要怪电话、怪塞车、怪下雨、怪朋友；我是没有错的，这就是借口。

　　多时没有回信，也有很多借口：近来很忙；才刚远行回来；家中正好没有信纸；早就想回信了，就是因为身体不好……写一封信，有那么困难吗？

　　不管任何事，总是要找个借口，表示自己有理由，我没有错。甚至小儿小女说话伤害了别人，父母就找个借口说："孩子太小了，请不要计较。"家犬咬人，他说："近来狗子的性情变坏了。"狗子性情变坏，好像理由充足，但他就是没有想到，应该把家犬链起来。

人，总有很多借口。得罪了别人，他有很多的借口；做错了事情，也有很多的借口；伤害了别人，还是有很多的借口。借口！借口！难道就能弥补自己的过失吗？做人处事，实在不应该以各种借口来搪塞；人，应该要实事求是，才能比较为人所欣赏。

秦王借口喜欢玉璧，不肯给予赵国土地，幸经蔺相如以死相抗，才得以完璧归赵；东吴借口要找刘备和亲，欲加伤害，幸亏孔明拆穿奸谋，才得以救了刘备一命。

维摩居士借口老病，邀约诸大菩萨前来议论，较量修行的高低；莲花色女，借口先去迎接忉利天宫回来的佛陀，幸而佛陀知道，须菩提"观空"才是第一个迎接佛陀的人，故而未让莲花色女的好胜得逞。

借口！借口！喜欢找借口的人，遇事总有百千种借口。借口如果是善意的，未可厚非；如果是搪塞的借口，也还罢了；怕就怕一些借口陷人于不义，甚至有的借口让人失去财物、借口挑拨是非、借口破坏他人好事，如此借口，就不是正人君子所当为了！

十字路口

　　人生，经常走在十字路口，东南西北、西北东南，你要往哪里走呢？如果说，人生的十字路口，东面是善，西面是恶；你是向东走，还是向西行呢？如果南面是义，北面是利，你是向南而行，还是向北走去呢？

　　《大乘起信论》有谓"一心开二门"，心真如门、心生灭门。一是天堂佛道，一是人间恶行，你心中的倾向，是往哪一边去呢？

　　我们在每日的生活之中，经常徘徊在十字路口。求职换工作时，我是选择工商，还是选择文教呢？多年的情侣，忽然出现了新欢，我是爱这个，还是爱那个呢？选民投票，我是应该选张三，还是该投给李四一票呢？各种的对象好像都好，我很难从中做一选择，这就如走在十字路口，徘徊不定，找不到方向。

　　有些人，对人生的规划当然有许多的理想。在各种规划中，是非得失，善恶好坏，在我心中不停地天人交战，总难决定。但是，人生十字路口的彷徨，如果没有智慧来辨识，一旦走错了方向，后果实在不堪设想。

过去历朝历代，有的官兵要落草为寇，有的山林盗贼要归顺朝廷，当他们徘徊在抉择之间的时候，除了需要有极大的勇气，尤其要有分别好坏、抉择是非的智慧。自古的大臣，是忠是奸，例如清朝乾隆皇帝的宰相刘罗锅，死忠是他的选择；另一弄臣和珅，奸猾也是他的抉择，所以一念的选择，差之毫厘，但对人的一生，甚至对整个历史的影响，可就谬之千里了。

每年大专联考时，许多考生也都面临了十字路口的选择，是选文科，是选理科，还是选工科好呢？是依自己的兴趣来决定，还是就未来的出路来考量呢？走在十字路口，常常令人进退两难。

佛教里，丹霞禅师当初本来是要上京城考状元，但是经过一座寺院，他终于觉悟"考官不如选佛"，因此选择皈佛为生；现实生活里，也有的人悬崖勒马，浪子回头，终于没有在十字路口迷失方向。

人的一生，有许多的十字路口，我们每一个人走到十字路口时，我们的选择是善是恶、是义是利，这就要看聪明的人儿，你自己的选择了。

留下什么？

　　父母早晨外出上班，为子女留下什么样的午餐？医师晚上下班，留下的病人，给了他什么样的照护？家人移民海外，留下一些什么给亲友？长辈辞世，留给子孙什么遗物？

　　有的人，要靠祖先和他人的遗留，自己来延续着过幸福的日子；有的人，靠自己奋斗开发来追寻属于自己的人生。

　　我们的远祖，留给我们的文化遗产："万有文库"、《四库全书》、"二十四史"、四书五经、《东周列国志》、《资治通鉴》、经律论三藏十二部，甚至禅门的公案、历代圣贤的开示等，都是不朽的遗产。此外，开垦农田，种植山林，河流隧道，广路小径，都给予后人无比的方便。尤其山区的石刻，伟大的建筑，悠久的文化，丰富了我们的人生，丰富了我们的生活，丰富了我们的智慧。

　　前人留给我们丰富的资产，我们留了一些什么东西给后人呢？儒家说，人应该要把立功、立德、立言三不朽留给人间；

基督教说，把爱留给世间；佛教说，要把慈悲、解脱分享给大众！

"给"，对现世的世间有重大的贡献；"留"，对未来的人间有重大的意义。我们不但要为现在施给，更要为未来留下一些什么？

我们应该要把历史留在人间，我们要把信仰留在人间，我们要把慈悲留在人间，我们要把贡献留在人间，我们要把智慧留在人间。

我们不是来人间消费的，我们不是来人间享受的；我们要增添人间的彩色，我们要增添人间的动力，我们要增添人间的欢喜，我们要增添人间的文化。

男女结合，留下了儿女作为传承；教师朗朗的书声，把聪明才智传给了青年学子；科学家留下发明，哲学家留下思想；农夫留下农耕的经验；老圃留下花草的芬芳；政治家留下政绩给民间；慈善家留下善名美誉作为大众的模范。

孔子把四维八德留在人间，老庄把清净无为的哲学思想留给后人；达芬奇留下了《蒙娜丽莎的微笑》，贝多芬留下许多不朽的乐章；周公旦留下礼章制度，佛陀留下佛性禅心。聪明的读者，现在就看你将来要留下一些什么了？

名牌

　　一些有身份的妇女，对于穿着、披戴、化妆等，总希望要用名牌，不然显不出她的身份。一些爱慕虚荣的年轻少男少女，也喜欢名牌，以满足他虚荣的心理。甚至有一些俗人，他也自不量力，花费许多的冤枉钱，要去购买名牌。名牌，到底是升华人生呢，还是冲击人生呢？

　　一直心想名牌的人，其实可以在人格、智慧、心量、风仪上创造自己的名牌，倒不一定要用名牌的东西来衬托自我的高贵。

　　所谓名牌，有名牌的汽车、名牌的手表、名牌的钢笔、名牌的皮鞋，乃至于皮包、皮夹、皮袄、皮带等，都要名牌。其实，这许多的日用是不是名牌不重要，重要的是自己的信用是名牌，自己的道德是名牌，自己的待人处世是名牌，自己的善良纯真都是名牌。名牌何必要外求呢？

　　有一位师姑长得庄严美貌，她一生出众都是非常和善大方，有时穿着的衣服也很入时。有人问她：你穿的衣服是什么牌子？哪里买的？她说：我买的都是"弯腰牌"！原因是她所穿用的服饰，都是在路边的地摊所购买的。

弯腰牌和名牌的东西，差价何止十倍，但是她的弯腰牌不也非常美丽大方，甚至流行了数十年！

演艺明星中的大牌，也有人说那是名牌；有信用的商家，也成为名牌；学校办得好，成为名牌的学校；一所幼儿园办得成功，也是名牌；乃至名牌的杂志、名牌的茶馆、名牌的饭店、名牌的寺院、名牌的花园、名牌的工厂等等，不一而足。

世间的人事，是不是名牌，大众很容易评鉴；但是对于一些消费品，是不是真的名牌，就很难鉴定了。把物品做成名牌容易，把道德做成名牌，把学问做成名牌，把自己做成名牌，就不是容易的事了。

既要名牌，就一定要高难度的名牌。名牌是修炼而成的，名牌不是买来的东西。名牌的东西，品质也不见得就真的高人一等，然而能成为名牌，必然也有它引人之处。不过，流行的东西名不名牌不重要，最好是自己做个名牌吧！

做个螺丝钉

　　如果是一根很长的钢骨，可以做桥梁；如果是一根铁条，也可以和混凝土融和起来，成为坚固的力量。钢骨也好，铁条也好，有时候在连环转节的地方，要靠一颗螺丝钉，才能把所有的力量连接在一起。螺丝钉虽小，但它能左右强而大的力量，它也能巩固宽而广的体积，螺丝钉的功能，不能小视。

　　人，都要做伟大的人物，像钢骨，像栋梁，负担重责。但是，像螺丝钉一样的小人物也是不可以少的喔！所以，一个人能做到大人物当然很好，否则做一个小人物，哪怕就是一颗螺丝钉，也不能说他不重要。

　　大海，是由于江河湖泊，一滴一滴地注入，才能成其大；高山，也是由于泥土、沙石的重重堆砌而成。所以，一个伟大的大人物，也不能看轻一颗螺丝钉般的小人物喔！

　　一个工厂，不能少了螺丝钉；一些工程，也不能没有螺丝钉。甚至在家庭里，挂一幅画需要一根螺丝钉，钉一块壁板，也需要螺丝钉。房屋要修补，少不了螺丝钉；台风来了，更要准备螺丝钉应急。螺丝钉已经成为生活中维护安全不可缺少的东西了。

飞机能高飞，是多少的螺丝钉把一片一片的金属固锁起来；一艘轮船，能在大海中航行，也要靠很多的螺丝钉把钢板联结组合。螺丝钉对人类的贡献，不可谓不大。

然而，世间事愈是廉价的东西，愈是不容易受人重视。螺丝钉因为小而不起眼，所以平时很少有人会注意到它存在的价值，总要等到少了一颗螺丝钉，机器不能运转了，飞机不能飞航的时候，大家才会发现螺丝钉的重要。

做人，要像螺丝钉，当有用的时候，人家并不知道我们的价值；没有用的时候，人家就知道少不了我了。当人家需要我们这一颗螺丝钉的时候，我们要尽量发挥自己的功用；当人家知道我们很重要的时候，我们也不要自抬身价，我们还是要很安分地做一颗螺丝钉，如此才能发挥大用，才能成为一颗名副其实的螺丝钉。

心香一瓣

　　心香一瓣，表示虔诚；心香一瓣，表示祝福；心香一瓣，表示心愿；心香一瓣，表示好意。

　　心香一瓣，祈祷世界和平，人民安乐；心香一瓣，祈愿父母吉祥，身心自在；心香一瓣，祝愿亲族朋友，万事如意，一切顺遂；心香一瓣，人间和谐，皆大欢喜……。二六时中，朝夕晨昏，都有"心香一瓣"的存心、动念，这不是最大的修行吗？

　　世间，有的人希求人家赐给我金钱物品，有的人希望人家赏给我奖牌荣耀，但也有的人只希望别人："你为我祝福吧"、"你给我一些祈愿吧"！

　　心想人家的祈愿，看起来只是几句好话，只是一点心意，但这个世间，不就是心意和好话最为重要吗？

　　你看！深山古寺里，老头陀的钟声祈愿："洪钟初扣，宝偈高吟，上彻天堂，下通地府。"你再听听！丛林寺院的住持方丈，每月初一、十五，也在"心香一瓣"，祝福世人安乐，社会亲和! 难道我们都没有享受到他们的祝福吗?

我们的生活，每天都只想到自己：自己所爱、自己所有、自己所要、自己所想，自己胜过一切，所以养成了自私、闭塞、执着、鄙吝，因此性情、人格愈来愈丑陋。假如说我们能够早晚都有"心香一瓣"，祈愿别人，祝福别人，久而久之，心里净化，思想开阔，性格慈祥，与人为善，必能不同凡响!

现在社会上，也在流行"祝你早安"、"祝你晚安"、"早晨好"、"中午好"、"身体好"，甚至寄信通函，都不忘问候"你好"，或是"祝你健康"、"祝你快乐"、"祝你吉祥如意"，但是总嫌有口无心，不是至诚关怀，只是虚应闲话。假如我们时时都能够"心香一瓣"，诚挚地、恭敬地、一心地祈祝别人得到幸福安乐，则所谓"心香一瓣"，怎么能不遍满十方，大众受益呢?

掌声与嘘声

政治家的一场演说，有时候赢得掌声，有时候台下也有嘘声；有的人做事，获得多少人的掌声赞美，也可能会有人嘘声破坏。

人，当然希望掌声，不要嘘声。但是，掌声未必全对，嘘声也未必全错。掌声、嘘声之外，可能还有另外一种公道可评。

为公众鼓掌，当然是值得推崇；为自己私欲鼓掌，这就有可争议了。不合乎道德的，没有获得全民归向的，给予嘘声，嘘声未必错误；嘘声有时代表一种公理，代表一种正义，代表一种抗争，那也是为民喉舌！

秦始皇兴建万里长城，隋炀帝开辟千里运河，你说，这应该给予他们掌声，还是嘘声呢？

现在海峡两岸，高唱和平统一，有人认同，有人反对，你说应该给予掌声，还是嘘声呢？三通对两岸经济有益，有利于未来的和平，但有的赞成，有的反对，赞成的，为中国的统一设想；反对的，另有其他的企图，究竟我们应该给他们是掌声，还是嘘声呢？

汉高祖、明太祖，都是平民奋起革命而登基为王，真是一将功成万骨枯，这应该给他们掌声，还是嘘声呢？

汪精卫行刺摄政王时，有种"引刀成一快，不负少年头"的英雄豪气，但是后来与日本妥协，成立伪政府，出卖国家，这是应该要给他掌声，还是嘘声呢？

我们给予英雄好汉的，当然是掌声；我们给予奸佞小人的，当然是嘘声。我们对于维护公理正义的人，当然是给予掌声；我们对于自私自利的宵小，当然是给予嘘声。

为公、为众，有所为，有所不为，我们给予歌颂，给予掌声；为己为私，无德无能，贪取诈欺之徒，我们不但给予嘘声，而且还要唾骂三声呢！

所以，是掌声，是嘘声，一切就看你自己如何表现了！

我是财神爷

财富，人人祈求！尤其现在全球性的经济萧条，市场低迷，不少工厂倒闭，连带造成员工失业，大家更是希望祈求财神，给予发财的机会。

财神，你认识吗？所谓求人难，求财神更难！如果你不认识财神，即使财神到了你家门口，你也不晓得要请他进门。

财神，是男人，还是女人呢？佛经说，财神是女性，是美丽的女郎，名叫大功德天。有人把财神加个"爷"，说财神爷怎么会是个女的呢？佛经里面也说，财神爷就如忉利天主，名叫帝释天。台北行天宫所拜者，即类似天公、天帝也！

既然财神爷是女的，也是男的，则扩而大之，应该是人人都可以做财神爷！

财神是谁？财神当然就是我们自己！我的双手劳动，辛勤奋发赚钱，双手就是我的财神爷；我的双腿勤于走路，开发财源，双腿就是我的财神爷；我耳聪目明，我满面笑容，我口中多说好话，我肯向人点头示好，它们都能为我带来财富；我的五根六识，不就是我的财神爷吗？

尤其，我们把财神爷养在脑海里。我的脑筋清楚，智慧明朗，所谓智慧财；有了智慧，不就能帮我赚来财富吗？所以，求人难，求神难，不如求自己这一尊财神，应该比较来得容易。

你看，我们的一生，从小童子军就懂得要日行一善；中学生，捡贝壳，卖纪念品，提供社会做福利事业；家庭主妇，省吃俭用，捐献给宗教公益，修桥补路；达官贵人，更是这边贡献，那边施舍。从小到老，几乎每一个人都是财神，都把金钱供给家人使用，提供社会所需。增产报国，不就是每一个人间财神的奉献吗？

人，忘记了自己的尊严，忘记了自己的特长，凡事求助于别人，实在应该要自责，因为自己不能独立自强，不能奋发有为，所以才会工厂倒闭，才会经济萧条。假如我们懂得自己做财神；自己能施，自己能舍，还要再去另外求什么财神呢？

应世无畏

  人和人相处中，最不安的就是畏惧和恐慌，所以观世音菩萨不但救苦救难，而且布施给人"无畏"。此中的意义，就如有力量的人和有办法的人，对于一些弱小无助者，给予保护时说："不要怕，有我支持你！"此种布施的精神至为重要。

  因为观世音菩萨寻声救苦，给予众生布施"无畏"，所以在观世音菩萨的诸多名号当中，又名"施无畏者"。相反的，世间有的人不但不能给人无畏，反而给人畏惧。自己的语言、行为，总是能给人恐吓就给人恐吓，能够给人畏惧就给人畏惧！这不但不是"施无畏"，反而让社会上到处充满了障碍、打击，甚至战云密布，机关重重，令人深感危机四伏、危险难安。

  语云："知人知面不知心"。人与人之间，因为不知道此人对我是有利，还是有害，所以交朋友不得不提防将来的变化；招考员工，也不得不调查身世，以防备将来不利于团体。

  在家庭中，长者也经常开示后辈，都是教他要"害人之心不可有，防人之心不可无。"家庭里的父母、兄弟姊妹，虽然亲如骨肉，但是有时也要有一些防备，怕你对家庭眷属造成不利；在一个机关团体里，也总是制订一些方案，以防离心分子有害于公事。甚至大如国家，也组织各种机构，实行各种防护措施，所谓保密防谍、防贪、防盗、防泄密、防破坏等，所以有"调查局"、"安全局"，关防之多，就是因为对恶人、恶事，以及恶因、恶缘有所畏惧和防患于未然啊！

我们立身处世，应有为众生施予保护的慈悲智勇。我们要发愿做众生的保护伞，不受雨淋；要做众生的手电筒，消除暗夜恐慌；要做众生的舟航，让大众能离开苦海；要做众生的家园，让他免于风餐露宿，这就如观世音菩萨的施无畏。

在这个世间，虽然到处有圣贤善良之人，但是不可讳言的，许多贪瞋愚痴的地狱、饿鬼、畜生也和我们同居一处，因此我们处世，也应该学习胆量、智慧。所谓"忍者无惧"、"仁者无敌"；尤其重要的是"平常不做亏心事，夜半敲门心不惊"，以及"站在船头稳，不怕浪来颠"的勇气，只要自己日常遵守纲常纪律，待人处事慈悲正直，自当能够磊落做人，自然能够"应世无畏"也！

保密的涵养

　　人世间有公事，有私事，公事应该让大家知道，私事可以不必给人知道。但是，就算是公事，例如国家的政策、机要，当还没有到达可以公开的时候，它也需要保密，何况是私人的事情，如果他不希望给人知道，他更希望自己能保密。

　　保密不是不好，只是一时还没有到达公诸他人的阶段；这个时候如果不守密，太多人知道有时不但不能成事，反而坏事。例如国家和国家之间的间谍，商团和商团往来的业务机密等，都要想出种种严密的方法来保密，因为保密工作做得周全，就是保护自己。

　　国家、团体之间需要保密；朋友和朋友之间，也会有秘密。朋友之间彼此相互知道的秘密愈多，愈能成为好友，所以好朋友就要有替对方保守秘密的义务。当一个人觉得保密比泄密更为快乐时，这人是真正成熟了。

　　然而，世间真有秘密吗？一般的人，见到人都说：我有一个秘密告诉你，请你不要告诉别人。听者随后又跟第三者说，我有一个秘密告诉你，你不可以告诉别人。如此辗转不多时，所谓秘密者，已然天下皆知矣！

因为传播是人性的弱点，每个人都以能得到内幕的密事，表示自己的身份特殊，自己很有办法；泄密，更可以表现自己的权威，所以泄密的情形就很普遍了。即连《六祖坛经》中，弟子听过六祖大师说法后，还要问："另有'密'意否？"六祖大师回答："密在汝边！"可见好探秘密，实乃人的天性也！

燕太子丹，与义士田光想要谋刺秦王。田光推荐荆轲，燕太子丹说："此事关系燕国存亡，务请保密。"田光应允，回家后立即自杀。用自杀来表示不会泄密，这种保密的涵养，可说功夫到家。

有人喜欢刺探机密，有人恨不得远离机密。因为知道别人的机密，有时候会惹来是非，甚至惹来杀身之祸，所以就尽量远离别人的密谈、别人的密语、别人的密事；凡是秘密，尽少参与，这也是明哲保身之道。

所谓保密不保密，就是能讲不能讲。凡事能对人言而不言，谓之"失人"；凡事不应对人言而言之，即为"失言"。自己的密事不去张扬，这是涵养；他人的密事过分宣扬，这是失德。守密和泄密，应在此中矣！

业力与愿力

《地藏经》说：什么人才能进入地狱呢？一是恶业的牵引，二是愿力的发挥。同样的，人怎样才能升到人间天上呢？也是一由善业的牵引，二由愿力的加持。人，流转在五趣六道，甚至进入到圣贤的果位，都是靠业力和愿力的作用。

业力，有时候由不得你自己做主，各种往昔的因缘牵扯，在很自然的生活中，造下许多的善业与恶业。例如：恶业方面，身业有杀、盗、邪淫；口业有妄语、恶口、两舌、绮语；意业有贪瞋、愚痴、邪见等。

你造了恶业，应有恶报，不要说你的亲人救不了你，甚至佛、菩萨也帮不了忙。同样的，你造了善业，不需要另外大力帮助，你自己必然会享受善缘善果。

如果说不幸造了恶业，补救的方法：

第一是消业。正如衣服上的尘埃、身体上的垢秽，你可以用清洁剂、肥皂来消除；造了恶业，也要懂得忏悔，才能消除业障。

第二是愿力。愿做好事，愿存好心，愿说好话，不但只有愿力，而且付诸实践，自然有愿必成。

回顾往昔人类的历史，有权有势的、有钱有位的，一旦业报现前，好像冰山倾倒，转眼成空；再看一些贫无立锥之地的市井小民，他的好因好缘，一旦风云际会，所求无不成办。

商纣、嬴政，甚至王莽、炀帝之流，权势喧天，可惜业报一到，高楼大厦倾倒，还有什么存身之地呢？汉高祖、朱洪武，都是村野小民，风云际会，不是一样可以称王称帝，一统天下吗？

人生的际遇，好像走在一条道路上，高低起伏，时而顺畅，时而坎坷，这都是由于我们的善恶业力所鼓动。假如我们能消业，首先应该多做一些善事。你在良田里播了好种，还怕没有收成吗？你时时心存善念，时时发愿力行，为国家尽忠，为社会尽职，为父母尽孝，为亲人尽心；你念兹在兹，有愿必成，何必还要挂念前途一事无成呢？

世间最大的力量，不是洪水猛兽，不是枪炮子弹；实在说，人间的幸与不幸，都是在于我们的业力与愿力，我们岂能不谨言慎行，消业解惑，复发广大愿心乎！

惜缘

　　世间，要爱惜的东西很多。金钱，你要爱惜；亲人，你要爱惜；甚至国家、社会、团体，你都要爱惜。

　　人，先要爱惜自己，然后爱惜父母，爱惜妻子儿女，爱惜兄弟姊妹，爱惜朋友邻人。推而广之，凡是与自己有关，不分亲疏，都要爱惜。

　　人，有惜情、惜物、惜时、惜爱，甚至过去中国的读书人"敬惜字纸"，乃至"惜水如金"，这都表现了一种生活的美德。

　　在各种的爱惜当中，惜缘是最重要的功德。小猫小狗，我和它有缘，惜我们相处的情谊；院树盆栽，每日有相处的因缘，我也不忍它受到伤害。别人给我的一些因缘，我珍惜它的难能可贵，让缘分发展得更美好。

　　父母生我，我怎能不惜情缘呢？师长教我，我怎能不惜师缘呢？朋友助我，我怎能不惜友缘呢？邻居和我这么靠近，我怎能不惜近缘呢？甚至士、农、工、商，供我吃饭，供我穿衣，供、我日用，供我方便。我所以活着，就是仰赖这些因缘，才得以生存，我不珍惜这些因缘，我要靠什么来维生呢？

人家帮我说一句好话，就给我一点因缘；人家为我介绍一些知识，就是给我一些因缘；人家告诉我一些信息，让我知道世界的动态，就是给我的因缘。由此推之，报社记者、演艺人员、公共汽车的驾驶员，乃至出租车的司机、路边的小面摊、小杂货店，都是我的因缘呀！我拥有了这许多的因缘，就是我的富贵，就是我的拥有，我怎能不珍惜他们呢？

亲人，从国外打了一通电话；朋友，从远方寄来一张卡片，都有无限的情义，无限的因缘。有因缘，你不找它，它也会来找你；无因缘，你去找它，可能也找不到。好人好事，你有因缘，都会是你的；你无因缘，有时相遇也不相识。

天地间，一朵小花，它也要感谢和风，感谢露珠，感谢阳光，感谢空气，因为有这些，它才能开得更加鲜艳夺目。就算我们的人生如花，我们不是也应该要珍惜生命中的阳光、空气、水分吗？

在春天里，红花绿叶，显得相得益彰；

在夜空中，星月交辉，更觉宇宙浩瀚；

只要懂得包容、协调，

就会发现「一半一半」的世界真美好。

为与人共事，故要「自己无理，别人都对」；

为增广见闻，故要「事事好奇，处处学习」；

为自我提升，故要「眼光要远，脚步要近」；

为顾全大局，故要「求精求全，瞻前顾后」。

分一杯羹

现在的社会，有的朋友，翻脸成仇，因为没有分到一杯羹；亲戚故旧，分不到一杯羹的时候，可以法庭相见。分一杯羹，看起来是人类丑陋的心态。

儿童在母亲的怀里，母亲如果不能分一杯羹给他，他就哭闹不停；发财致富的时候，如果对旁边的人不能分一杯羹给他，他也不容许你的存在。

现在的社会，人与人之间，共患难容易，共富贵则难，问题就在不能分到一杯羹；分不到一杯羹，种种的怨恨、嫉妒，就会因此产生。

你组织政府，我没有分到一杯羹，我就跟你反对到底；你办的事业，不要我参加，我没有分到一杯羹，我就给你恶言批评。对没有分到一杯羹的人，不要认为你怨恨、嫉妒，就能分到一杯羹，你必须要奉献、参与，你给了别人的因缘，还怕不能分到一杯羹吗？

　　我们也不要常常想要人家来分给我们一杯羹，我们应该要想，让我来分给别人一杯羹。不妒人有，是人间的美德；纵使人家亏待我，没有分给我一杯羹，我也不要耿耿于怀，计较于心。饭，不是一天就吃完的，今日他没有分给我一杯羹，将来因缘际会时，他可能还会加给我一杯羹。

　　所以，人与人之间的相处，千万不能计较一时，不要像商业买卖一样，银货两讫就算了；利害是一时的，道义是永久的，何必斤斤计较眼前的一杯羹呢？

　　有能力的人，总是想到我要对他人有所贡献、有所图报、有所服务；如果能时时与人结缘，为人服务，当别人有所成就时，你还怕不能分到一杯羹吗？

　　人生的挫折，在于自己贫穷，自己缺陷，平时没有给人家点滴贡献，总想分一杯羹，此实难矣！

　　想要分得一杯羹的观念，不能不重新再做考虑。能够分到一杯羹，固然要感谢人家的好意，假如不能分到一杯羹，也要认为理所当然。假如分到一杯羹，你也要给人补报；假如没有分到一杯羹，更不要计较于一时；对一杯羹的想法，有也好，无也好，一切随顺因果，只要自己有办法，还怕分不到一杯羹吗？

神佛之间

神与佛是有分别的，不可以混为一谈。

神，不一定有历史可以考据。在神权时代，人对宇宙自然现象所不了解的，都可以把它加以神化。例如，天有天神、地有地神、山有山神、水有水神；树木花草、石头砖块，都各有神明。甚至大自然的雷电风雨，都有雷神、风神、电神、雨神。可以说，大自然无一没有神在。

及至人类文明的发展，从蛮荒的神权到中古的君权时代，又添加了许多英雄人物，像王爷、将军、城隍、土地、妈祖、关公、岳飞等武神，以及孔、孟等文神。

所谓神，若非武功盖世，令人怀念，即是有功于社会大众者，如：月下老人就是今日的媒婆，瘟神就是今日的"卫生署署长"。此外，城隍是县长，土地是"里长"，文昌帝君是"教育部长"，哪吒太子是"警察局局长"。

神明的产生，是因为人不了解大自然，或者有求于政府官员而不可得者，便求之于神明，这是思念中的神明。

神，有拿武器，有穿衣服，有长胡须，有用荤腥；神，几乎是人格化了。但是，佛跟神不同，佛是人，有出生的地方，有生养的父母，有修行的经过，有真理的体证。佛不是由人来封的，而是有历史考证，是举世所公认的。

佛陀没有武器，佛像没有衣装，佛陀不会赏善罚恶；佛陀只是真理的觉者，他给人间智慧，给人间接引，给人间指示，给人间开导。佛陀好像人间的光明，所谓"佛光普照"。但是，更重要的，我们应该要让自己心里的光照耀出来，照耀别人，这才更为重要。

佛陀没有权威，他是真理，他是我们大家的心；你有心，他有心，每一个人的心中就有佛。假如你能懂得"即心即佛、即佛即心"，则你用佛眼来看世界，那就是佛的世界；你用佛耳来听声音，那就是佛耳的世界；你所说的话都是佛的语言，那就是佛的语言世界；你身体力行都是佛的慈悲智慧，则你当下就是佛了。神与佛是不同的，因为佛是我们自己，神就是别人。

心平气和

做人处事的修养，有百千万种，但是心平气和，是修养中的修养。

一个人，如果"心不平"，则别人和你一接触，就会知道你有偏见、有成见，就会让人感到你有亲疏的观念、公私的利害，对你的疏离之感，即刻产生；如果你"气不和"，则会让人感觉到你气量不大、气势不够，也会让人不敢亲近于你。

心平气和的人，自然近悦远来！家庭里，父母心平气和，不但儿女乐于亲近，就是一般的青少年，也乐于求教；团体中，心平气和的长官，不但自己的部属乐于请教，其他团体的干部也会乐于追随。所以，许多的宗教都鼓励人要养心、养气，因为平心静气，是为人之道。

遗憾的是，我们的心，经常都是心烦意乱、心浮气躁、心私不公、心暗不明，所以心的工厂生产不出好的东西；假如能够心平，就能光大心的功能，就能生产心中的净美。例如：心光则明、心大则广、心明则清、心空则有、心有则喜、心德则正、心道则平、心慈则爱、心慧则智、心量则容。

心平是非常重要的！如平常说"愿将佛手双垂下，摸得人心一样平。"心不平，人生道上，自然会有许多的横逆接踵而来。假如能求得心平，还要气和。当一个人和别人一见面的时候，心平不平还不容易看得出来；气和不和，则很容易就能察觉得到。

气，形之于色，所谓气色，别人看到你，不但看得到你的气色，还能知道你的气味、气量、气概、气节、气质。所以，一个人怒则气逆，喜则气缓；悲则气消，恐则气转；寒则气闭，暑则气泄；惊则气乱，劳则气减；思则气结，怨则气损。

我们在顺境里容易心平气和，但一遇到逆境，就很难平心静气了。平心静气不是用在安宁闲暇之时，而是用在紧急危难之间。大将在前方指挥，能够心平气和，则能理智清明，安然笃定；商人在商场上，利害交关的时刻，能心平气和，处之泰然，则必有所得。就如现在的青年学子，每遇考试，要能心平气和，就会有好的成绩；警察处理违警事故，如果心平气和，则能获得民间的尊重。

一个人有多大的道德、学问、能力，很难论断。心平气和，则是必要的修养。

从过去到未来

　　每个人都有过去，每个人都有现在，每个人都有未来。有的人欢喜回忆，都说回忆比现在美丽；有的人则把握现在，脚踏实地，他说现在比较重要。也有一些人把希望寄托在未来，认为现在不急，等到未来再说。

　　我们的时间总是有过去、现在、未来；究竟过去重要，现在重要，还是未来重要？过去的即使再如何辉煌、美满，也终究是已经过去了，追忆又有何用呢？

　　有一位妇人，生养的独子长到十二岁，却生了一场疾病而去世。妇人想不开，到处找人哭诉，后来找到了佛陀，希望佛陀能让他的儿子再复活回来。佛陀要他去向没有死过人的家里要一棵吉祥草，就可以救回他的儿子。妇人找了数日，找不到一户人家从来没有死过人的，当然也就没有这一棵吉祥草。

　　由此可知，无常是人生的实相！一直执着万物不死，这就是没有认清世间无常的实相；一直想要拥有过去，这就是执着。须知"过去"可以衍生成"现在"；"现在"又将发展成"未来"；"未来"又会接上"过去"，于是就形成了所谓的"三世"轮回。

《三世因果经》云："欲知前世因，今生受者是；欲知来世果，今生作者是。"其实过去的也未尝过去，它影响到我们的现在；现在的时光虽不停留，它却领导着我们走向未来；未来还有未来，生生世世就这么轮转不休。

对于过去的行为，可以作为反省，也可以自我检讨，表示我们从中吸取经验，改进未来。对现在不再停滞，不要故步自封；不放弃后面的一步，你怎么能跨步向前呢？所以重要的是，要策励自己向前、向上、向善、向真。能够把握现在，修身养德，才有美好的未来。

其实，过去是我的，现在也是我的，未来更是我的。三世在我的当下，在我的一心，我们要好好地把握过去、现在、未来，使它善行循环，净念相继，才有圆满的人生。

我们的祖先过去有贡献于社会者，我们现在要替它发扬光大；我们的祖先过去有损于社会、亲友者，我们现在要替他加以补救，把一系列的生命，从过去、现在到未来，都加以净化、善化、美化。

我们现在的所做所行，一定会影响我们的未来，甚至影响到子孙。要替子孙着想，积聚德行，积聚因缘，留给子孙，这是让自我生命得以延长。

其实，现在如果无能为力，不能替国家社会创造无限的生命，但也要留下一些好因好缘给继承的家族。对过去、现在、未来的人生，重要的是，对过去不要执着，对现在不要留恋，对未来更不要幻想；所谓人生，尽职尽分而已！

浮生若梦

像浮萍一样的人生，就如"南柯一梦"！

人的眼、耳、鼻、舌、身、心，在佛教里称为"六识"。当眼、耳、鼻、舌、身都睡觉的时候，唯有心（意识）还可以起来活动；虽没有实体，也像真的一样，上山下海，交际往来，称为"梦境"。

在现实的人生里，有的人喜欢做梦，因为一个梦增加了人生多少的岁月。梦境中，有的人一夜之间历经几十年，荣华富贵地过了一生。但也有人害怕做梦，因为梦境里诸多恐怖的景象，往往一梦醒来，吓得浑身大汗淋漓，身心不安！

在佛教里，许多经论都告诉我们，做梦的原因：有的是因为体弱多病，有的是因为日有所思，有的是因为记忆恍惚，有的是因为颠倒妄想。当然，也有人把梦境的一切，看成是未来即将发生的一种预兆。

其实，人生如梦，在如梦的人生中，又做了多少迷妄的梦？

所以古人往往教诫我们是"痴人说梦"。

"梦里明明有六趣，觉后空空无大千"，所以智者又说："大梦谁先觉，平生吾自知"。

梦，经常都会缠绕着我们的人生，如诗人杜牧的"十年一觉扬州梦，赢得青楼薄幸名"，真是何苦来哉啊！

梦，当然也有很多种类！有的人在睡眠中被打、被杀，甚至被分尸，称为"噩梦"；在睡眠中，经历许多奇异的事情，例如从未见过的东西、从未见过的生物、从未到过的地方，称为"奇梦"。但也有的人，把平时所学习、所思想的事物，又在梦中加以回忆、琢磨，称为"智梦"。甚至有时候未曾想到的知识、思想、人事、计划，也会由梦中而来，这可以叫做"癖梦"。

梦，有欢欢喜喜的梦，有恐恐怖怖的梦，有是非得失的梦，有千年悟道的梦。所谓梦，也只不过是人的潜意识里一种状况的显现罢了。

做梦的经验人人都有，所以有的人就希望"梦想成真"！但这是不对的，因为如果你所做的是一个忧悲苦恼的梦、哀怨难解的梦、求生不能的梦、欲海难填的梦；假如梦境成真，你又如何生活呢？

人，应该把梦想化为理想。理想中，事业的成就、前途的看好、圣贤的希望、道德的成长；当理想成真，那就是从"浮生若梦"而到达真实的人生了。

换一个跑道

"三百六十行，行行出状元！"换一个跑道，找一份适合自己的工作，不亦宜乎！

换一个跑道，当然可以！只是，当你要换跑道的时候，不得不慎重地了解你自己，了解你即将更换的这个跑道的状况！

你是一个能跑者，跑道不好，对你的影响不大；跑道很好，而你不具备跑者的优势，也难跑得出好的成绩来啊！

换一个跑道，可能跑出很好的成绩，彼此相得益彰，但也可能跑出更不理想的结果。

经商、从事农工、教育、军旅、现代的信息事业等，都是人生的跑道，你都可以在这许多的领域里，换一个跑道，甚至在一个机关里，第一科、第二科、第三科，你也可以在这里面换一个跑道。

在宗教里，从事传教的跑道，从事养老育幼慈善的跑道，从事智慧型的教育文化的跑道，不管换哪一种跑道都好。只是，如果一再地换跑道，对个人难免会有一些损伤。例如，浪费了时间、失去了先机，一切都必须重头做起，所以又有人喊出"一动不如一静"。如果没有重大的事故，最好能在同一个跑道上，一直跑下去，必定能跑出一张漂亮的成绩单来！

中国过去的社会，一个随侍主人多年的老仆，名义上虽然是个奴才，但他跟随主人一做就是几十年，甚至是一生一世，最后主人未把家产交给子女，而是交给了这个跟随多年的老管家掌理。因为老管家只在自己的一个跑道上，一直跑下去，所以他能够跑出另外的一番天地来！

树木要固本，如果常常移植，可能会更茂盛，但也可能会死亡，这就如更换跑道，不得不小心！

佛教说："一门深入！"当工作上遭遇了困难，是什么样的问题，就要用什么样的方法来解决，千万不能以"更换跑道"来逃避问题。因此，跑道可换否、不可换否，有外缘的关系，但真正重要的，还是存乎一心而已！

各种面孔

语云："人心不同，各如其面。"由此可见，千万种不同的心，就有千万种不同的面孔。

兹将今日社会人士的面孔，列举数端如下：

一、忠厚老成的面孔。假如此人再加心地善良，必定受人重视。

二、庄严慈善的面孔。假如此人再加聪慧灵巧，则一生大有可为。

三、正直无私的面孔。假如此人再有亲切的个性、关怀的善意，必能成功立业。

四、精明能干的面孔。假如此人讲信用、负责任，不贪图小便宜，则必为社会的中坚分子。

除了这许多的面孔之外，再如微笑的面孔，让人欣赏；友爱的面孔，让人生起好感；有表情的面孔，让人乐于亲近；慈悲善良的面孔，让人无须设防。

以上这些面孔，都会让人留下深刻的印象。但是也有一些人的面孔，令人不敢恭维，例如：

一、油腔滑调的面孔。这种人让人一见，就不欢喜，就不敢与之亲近、来往；这种人总让人觉得他是混世的，不是做事的。

二、晚娘的面孔。这种人给人的感觉是，势利、刻薄、无情无义。尤其脸上寒若冰霜，看不到一丝温情，好像别人都欠他什么似的。

三、没有表情的面孔。这种人应笑不笑，阴险自私，让人不知道他葫芦里卖什么药，也看不出他的生气。

四、阴险奸刁的面孔。这是属于小人的形状，这种人刁钻傲慢、笑里藏刀，令人望而生畏。

世间，每个人都有一副面孔，也各有一付心肠。当然，也不是凭着各人的面孔，就能决定人的一生。在百千万种的人当中，有的人面慈心狠，有的人心慈面严。不过，大致上，有经验的人，只要别人和他一照面，他就能感觉得出此人是善是恶、是真是假，他都能揣摩出几分来。

面孔之于人的重要，就是佛陀吧，也讲究所谓的"三十二相"；菩萨吧，也要慈眉善目，慈悲祥和。即使很多的罗汉相，虽然面相奇异，但是并非凶狠，还是可以看得出他们的慈悲来。

世界上，有很多人，把他的忠心、慈心、爱心、慧心留在人间，给人怀念；也有的人，把各种面孔留在人间，晃动不停。所以，希望那许多有着扑克牌面孔、判官面孔、僵尸面孔、凶狠面孔的人，都能重新换一张充满慈悲、生气的面孔，来面对人间吧！

从今天做起

认真做一件好事，认真做一个好人，要从今天做起！

昨天，已经过去，不会再来；明天，还未到来，不必等待。今日事，今日毕；把握今天的人，就是懂得把握生命诀窍的人！

有一些人，对于做好事，他说我过去已经做了许多的善事，意味着可以不必继续做好事。你过去吃饭，是否也要说，我过去的饭食已经吃得很多了，难道就不要再吃饭了吗？也有人说，明天，我还不知道有没有明天？做什么好事，明天再说吧！明日复明日，明日在哪里呢？

从今天做起！就是叫我们不要因循，不要拖拉，因为今天最可贵，无论做什么事情，都要从今天做起。今天，我要把饭吃饱；今天有时间，我要把觉睡好；今天的事情，我要今天就把它完成；今天有机会，我就要好好地把握今天的时机因缘。

今天非常美丽！你看，今天早晨的空气清新，今天早晨枝头的鸟儿啼叫，今天和风吹拂，今天心情愉快。今天的成就，比什么时候都来得多，比什么时候都来得好！

革命家，誓师从今日起，要克敌制胜；实业家，从今日起，要开厂营业，决胜于同行。今天落成、今天开幕、今天决议、今天开始，什么事情都要从今天做起，才有成功的希望。

儿童，今天上学了；青年，今天结婚了；升学，今天考取了；就业，今天录用了。今天是一个开始，今天给人欢喜，今天带给我们无限的希望。

生日，今天要庆祝今日的生日，不会庆祝昨天的生日；胜利，要庆祝今日的胜利，不会庆祝明日的胜利。所以，在昨天、今天、明天之间，今天最为重要；把握了今日，就是把握了生命。

人，固然要创造明日的希望，但更重要的是，要创造今日的开始、今日的动员、今日的起步，要创造今天一日之内的希望与欢喜。

今天，我想了许多的办法；今天，我制造了许多的欢喜；今天，我说了许多的好话；今天，我做了许多的好事。甚至，我今天所做的，胜过昨日，胜过生生世世。今天，我把家里的房舍打扫整洁；今天，我把园圃的花草修剪美化。今天，我探望了父母长辈；今天，我关怀了妻子儿女。今天，我为国家社会动员了多少力量；今天，我为未来铺设了多少因缘。从今天创造的欢喜、希望，可以享受无穷无尽，为什么我们不要凡事都"从今天做起"呢？

人生的黄金岁月

人的一生，从母亲怀胎十月，呱呱坠地，假如能够活到百岁，当然一生都是黄金岁月最好，可是世事多缺陷，哪里能有百岁的黄金岁月呢？

有的人，童年是黄金岁月，父母慈爱，天伦之乐，要风有风，要雨有雨，要吃要玩，都能如愿，这就是儿童的黄金岁月。

及至成长，青春年华，谈情说爱，读唱自由，向东向西，兴之所至，这就是青年的黄金岁月。

到了壮年，拥有理想，也有事业基础，随兴所至，称心如意，这就是中壮年的黄金岁月。

慢慢的，年老力衰，退休以后，含饴弄孙，莳花植草，悠游于林泉之下，颐养天年，这就是老年的黄金岁月。

但是，世间事，不如意者，十常八九，哪能一生都在过黄金岁月？有的人童年失去慈爱的父母，甚至受种种虐待，衣食艰难，终日在痛苦中挣扎，哪有什么黄金岁月？

及至长大成人，失业失恋，无人依靠，无人了解，更是感到世途坎坷，哪里还会想到什么黄金岁月？

到了壮年，家累责任，妻子儿女，柴米油盐，生活重担，求名无名，求财无财，世态炎凉，人情冷暖，度日如年，哪有什么黄金岁月？

等到老年，齿牙动摇，视野茫茫，走路维艰，老病缠身，才真正感受到苦空无常，只是又能向谁去诉说、怨叹呢？哪里还有什么黄金岁月呢？

人生，酸甜苦辣，得失无常，在黄金岁月里，随着时间迁流，不能长久拥有。虽然是时运多艰，但自我奋斗，不为环境所困，不为世情打倒，只要自己努力上进，就算小有贡献，也可以把它当作自己的成就，当为自己的价值。

什么是人生的黄金岁月？只要自己活得心安理得，时时生活在正念之中，时时拥有宇宙的怀抱，发心济人利世；只要自己人格升华，道德圆满，纵使无名无财，无权无位，那也是自己人生的黄金岁月喔！

人要活多少岁？

人要活多少岁！一百二十岁好吗？假如你活到一百二十岁，你那一百岁的儿子可能已经先你过往了，甚至八十岁的孙子也快要死了，所谓"白发人送黑发人"，你觉得这样的人生很好过吗？

一百二十岁，走路走不动，吃东西没有牙齿，也咬不动，甚至眼睛也看不到了，你会很快乐吗？所以，高寿不是人生的意义！

一百二十岁的人生没有意义，假如减少一半，活六十岁，好不好？六十岁的人生，正是事业有成，儿孙满堂，前面的人生都非常辛苦，到了六十岁，正是享受人生的阶段就结束了，实在太可惜。

人生究竟要活多少岁？这是很难一概而论的。你对人间社会没有贡献，自己也活得不很快乐，给你活二百岁、三百岁，又有什么意义呢？假如人生活得很自在、很欢喜，对国家社会都很有贡献、很有意义，活长活短，都会给人怀念。所以，人生究竟活多少岁，也就不会太计较了。

日本有一对姊妹，叫做金婆婆、银婆婆，她们都活了一百多岁。名字叫金叫银，生活的意义不知道是否像金像银？

颜回、僧肇，都活了三十一岁，历史、后人都一直歌颂他们对人间的影响，可以说他们的生命不但活得很久，而且活在人们的心中。

自古以来红颜薄命，多少的美女，在青春貌美的时候香消玉殒；多少的才俊之士，正当青春花开的时候，一场意外，结束了生命。

人生究竟要活多久？不要只从时间上的寿命来看，你应该要从你事业上的寿命有多久？言论上的寿命有多久？功德上的寿命有多久？道德上的寿命有多久？信仰上的寿命有多久来看。

寿命不只是以时间来计算的，真正寿命的价值，是以对人间的贡献来计算。历史上的人物，郑成功活了三十八岁，岳飞活了三十九岁，耶稣活了三十六岁，秦始皇活了四十九岁，唐太宗和诸葛亮也都活了五十三岁，孙中山活了六十岁，穆罕默德活了六十二岁，阿难尊者、赵州禅师、虚云和尚都活了一百二十岁。

从这些历史上的人物来看，人生活多少岁并不重要，重要的是在于肉体之外，你的慈悲、功德，你的语言、事业，你有多少价值上的寿命，那是非常重要的。

以客为尊

　　数年前，中华航空公司在历经几次飞行安全事件，遭遇几番挫折之后，重新整顿服务品质，喊出"以客为尊"的口号，从此飞行的服务，确实有所改善。不论待客的礼貌、饮食的精美、航程的服务、广播的语言、亲切的态度、满面的笑容，一切的一切，都真正做到了"以客为尊"。

　　"以客为尊"这一句话，救了华航，也福利了旅客。原来，把别人当尊贵的人士看待，其中有许多的好处，因此让我们觉悟到：我有一个国家，我要"以国为尊"；我有一个家庭，我要"以家为尊"；我有父母，我要"以亲为尊"；我有朋友，我要"以友为尊"；我有儿女，我要"以子为尊"。

　　如果我们人人都有这种思想："以国为尊"，则国家必然强大；"以家为尊"，则子弟为家打拼，家必兴隆；"以友为尊"，真心和朋友相处，朋友感动，必然相助，受惠者，不但为朋友，也是为我自己。

以父母为尊，则亲人长辈受我们的尊重，必定也会爱护子弟，则相处融洽，家庭必然祥和安乐；以子女为尊，子女受到尊重，必定努力向上，出人头地。

其实，以什么人为尊都重要，但有一个更重要的是"以己为尊"！因为，一个人唯有自己自尊自重，才知道奋发有为，自立自强；一个人如果自己都不尊重自己，也就是没有自尊心，则人不像人，又何能寄望功业有成呢？

过去，许多考生三考不就，但不忘记自尊，终能金榜题名；有些军队，多次失败，但发挥军人的尊严，终能取得最后胜利。苏秦游说秦惠王不成，父母不以其为子，兄嫂不以其为叔，妻子不以其为夫，但苏秦立志奋发，悬梁刺股，得姜太公兵法谋略，最后终于佩六国相印，扬眉吐气于天下。

越王勾践，记取会稽之耻，励精图治，最终能再兴越国雄风；鲁国曹沫，不忘失城之辱，发愤图强，最后终于收回失地，一雪前耻。宋朝的文天祥，明朝的史可法，他们"以国为尊"，最后虽然仍不免以死报国，但千秋万世，为人歌颂。"以己为尊"，自能无事不办！

生命教育

　　佛光山在农历春节过后，受教育部门委托，办理教师生命教育研习营，共有一千多位教师参加，可见生命教育已成为现代社会的一项重要课题。然而，现在一般人并不太了解"生命教育"的意义，因为从来没有人讲说过"生命教育"。

　　说到生命教育，世间的财富，不是功名富贵，不是土地大厦；世间最宝贵的东西，就是生命。"落水要命，上岸要钱"；可见生命比金钱重要。

　　我们的生命，不是建筑在自己的身体上；我们的生命，必须仰赖社会大众、士、农、工、商的众缘成就。如果没有大众的因缘，生命怎么能维系呢？

　　所谓生命，大自然有大自然的生命，社会有社会的生命，家族有家族的生命，个人有个人的生命。

　　所谓生命，是活力，是活用，是活动；自己的生命，要用活动、活力、活用，跟大家建立相互的关系。例如，雨水要灌溉树木丛林，树木丛林也能保护水分；人吃了食物后排泄肥料，肥料又再成为万物的养分。生命是相互的，是因缘的；想独存，想个己，那就没有生命了！

懂得生命的人都知道，人有生命，动物有生命，植物也有生命！甚至衣服鞋袜、桌椅碗盘，都有生命！有的人一双鞋袜只穿一个月、二个月；但也有的人，一双鞋袜可以穿上一年、二年。所以，万物的存在、延续，都有它们的生命！

生命究竟有多长？无穷无尽！生命究竟有多大？无量无边！阿弥陀佛的意义就是"无量光、无量寿"，这是超越时间、超越空间的意思。

生命，固然可以说：是在数日间、是在早晚间、是在饭食间、是在呼吸间；但是生命又是超越时间、超越空间的！

"一念三千"，"一心法界"；人人有我，我有人人。天地与我同在，宇宙和我同生，生命的价值，哪里有限量呢！

"蜉蝣朝生夕死，人生百年难再"；但是，即使身体死亡了，也不是生命的结束！所谓"念天地之悠悠"，感生命之无限；生命不在于长短，而是在于生命创造的内容，这是提倡生命教育者应有的省思！

马马虎虎

中国人的民族性，有许多为人所诟病的地方。胡适之先生曾感叹说，中国人被许多的观念所害，因而不能跻身于现代的强国之林。他写了一篇《差不多先生传》，文中的"差不多"先生说："红糖、白糖都差不多；山西、陕西也差不多；一千和一十也是差不多，甚至活人和死人也差不多。"胡先生藉此讽刺中国人凡事都差不多的思想。

其实，也不只是"差不多"这一观念害了中国人，另有一个"马马虎虎"的思想，也使得中国人长期陷在苟且、不求真、不求准确的错乱中，饱受其害！

所谓"马马虎虎"，不仅表示一个人对是非好坏、善恶对错没有见解、没有原则，甚至遇事也总是一种漠不关心的态度。放眼当前社会，马马虎虎的人、马马虎虎的事何其多！例如：

马马虎虎的意思究竟是说好，还是说不好呢？假如再问：

现在各部门的关系如何？他也是回答"马马虎虎"！

假如你问：现在的国民党、新党、亲民党，他们彼此之间有敌对吗？有合作吗？他的回答还是"马马虎虎"！

你问：中国台湾社会的治安如何？他回答"马马虎虎"！现在台湾总体情况如何？他回答你的，也是"马马虎虎"！

经商的，赚钱蚀本，总体是"马马虎虎"；儿女读书，成绩好不好？也是"马马虎虎"！国防军备，以及军人的训练情况，答案还是"马马虎虎"！

新婚夫妇感情如何？答说"马马虎虎"！身体健康状况如何？他也说"马马虎虎"！这里也"马马虎虎"，那里也"马马虎虎"；"马马虎虎"弥漫了每一个人的思想、语言之中，你说这个国家、这个社会、这个人生，怎么不会"马马虎虎"呢？

有一知名画家，正在聚精会神地画一只老虎，有一老翁慕名前来求画，希望画家为他画一匹马。画家顺手就在画好了老虎的身子画上马头。老翁问："这究竟是马，还是虎？"画家答："马马虎虎"！"马虎图"的印象就这样深植在画家的两名稚子心中。

数年后，孩子长大了。一日，老大外出，见一邻人的马向他跑来，他一时情急，以为是虎，一箭便将马射死了，邻人不甘损失，画家只好赔钱了事。又过了一段时日，老二出外旅行，途经山区，见一老虎，误以为是马，不但不知躲避，竟还迎面走去，结果丧身虎口。消息传来，画家痛悔不已！

　"马马虎虎"之害，我们岂能不引以为鉴乎！

休息的意义

为什么要休息？休息是为了要走更远的路！

佛教说有四种精进力，其中一种就是休息力。因为休息就好像轮船、飞机要加油、要补给！又如军队，历经了一场战役之后，也要开到后方去整编，休养生息，以便再出发！

正当的休息，是非常重要的。即使是飞机，飞得太久了，它的金属也会疲乏；汽车行驶得太远了，也需要加水，以减低热度，让它休息，再来开行，以策安全。

日月星辰，山河大地，都要休息。昆虫要冬眠，山鸡要早睡。勤劳的蚂蚁，也要作窝休息；忙碌的蜜蜂酿蜜以后，也要有一段休息的时间。政府团队、公务人员，周休二日，强迫休假，也都是要他们休息，可见休息的重要。

然而遗憾的是，"休息"被一些人滥用，他以休息作为懒惰的挡箭牌。例如，有的人藉助休息，早上不起床；藉助周休二日，希望经常放长假；上班时，藉助喝茶的时间，故意拖长休息时间。

一日之中，上午休息，中午休息，晚上也要休息；一年之间，"法定假日"休息，例假日休息，甚至不放假的时候也要休息。如此借故休息而不工作，则人生倒不如干脆就到棺材里面去做永久的休息！

阿那律尊者，有一次在听佛陀说法的时候打瞌睡，佛陀教训他："咄咄汝好睡，螺蛳蚌壳内；一睡一千年，不闻佛名字。"阿那律惭愧，从此精进，不再休息，导致眼睛失明。佛陀告诉他，适当的休息，也是精进！

二十亿耳弹琴，佛陀问他："琴弦太紧、太松，后果如何？"二十亿耳说："弦太松，则弹不出声；弦太紧，则容易断。"佛陀说，修行亦如弹琴，不可太松，也不可太紧，所谓"中道"而已！

现在，是一个"忙"的时代，是一个动员的社会，每一个人都不像当初农业社会那样悠闲。有的人，忙得不回家吃饭；有的人，忙得在工厂里睡觉；更有的人，忙得数日不回家。忙，固然很好，但是如果忙过了头，有碍健康，反而得不偿失！

所谓"休息"的意义，在忙过以后，给予补给，就是休息。但是，休息了以后，就要抖擞着精神，迈开脚步，踏上正途，这才是"休息"的主要意义！

知错就改

世间，有一种人死不认错，但是也有一种人，知错就改。

死不认错的人，是非常可惜的，就如一个人穿了一件肮脏的衣服，一直不肯洗涤；一身的污垢，不知道沐浴，秽气熏人，令人生厌，甚至人人见了都要退避三舍，可是他还不知道，岂不可惜，甚至可悲！

错误，就是过失。人非圣贤，孰能无过，犯了过失，不是最大的罪恶，只要肯得改过，所谓"知过必改，善莫大焉"。不肯改过的人，好像漆黑的墙壁，为什么不肯替它添加一些色彩？又如酸涩的菜肴，为什么不给它一些净水，冲淡它的味道？

认错是美德！在往昔丛林中居住，不容易斗争吵架，就是因为大家学习认错。例如丛林中大众会说："弟子对老师多所冒犯，罪过，罪过！""学长见多识广，小弟愚昧，请多多指教！""惭愧如我，未能替你服务周到！""请大家原谅！""请大家指教！""请容弟子忏悔！"所以，知错、认错、改错，这就

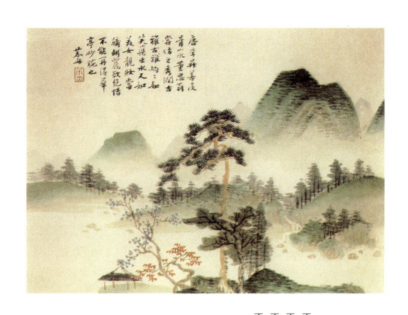

唐寅，字伯虎，
晉代，董思翁
嘗稱之爲開吳
雅古雅的之，如
笑携出水之如
美女靚妝當
編糊麗致艷詩
不能再得丰華
亭妙絕也，
茶香

不合作，是做人最大的缺陷；
不明理，是做人最大的愚痴；
不貳過，是做人最大的聪明；
不迁怒，是做人最大的修养。

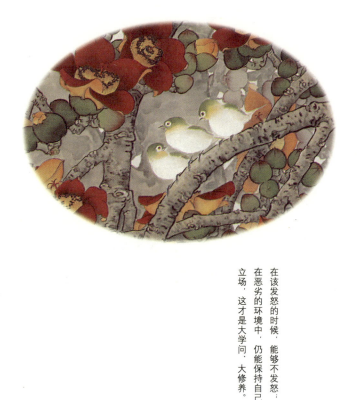

在该发怒的时候，能够不发怒；在恶劣的环境中，仍能保持自己应有的风度、立场，这才是大学问、大修养。

非常的可贵，不但不会令人轻视，反而令人尊敬。

战国时代赵国的廉颇老将，知道自己错了，即刻向蔺相如"负荆请罪"，这就是认错的美德。"危如累卵"的故事，也是说明"知错能改"的重要。

过去的帝王仁君，向全国下"罪己诏"，这就是"知错就改"的实践；朋友知错，一句道歉，即刻就能把手言欢。

一篇好的文章，要经过多次的修改；一幅名画，也要经过多种颜料的粉饰。树木花草，需要整理才会整齐；长发短须，也要靠修剪才会美观，为什么错误就不肯改呢？

改错，并不限定是那一个人，即使是圣贤，也有犯错的时候，只要肯改，也不失为圣贤。

家庭里，也不一定要儿女向父母认错，父母若能向儿女认错，必定能促进父母子女的亲子感情；机关里，也不一定部属向长官认错，若长官能向部属认错，更可获得部下的拥戴。认错，实在是不分男女老少，人人都能实践的美德啊！

放下自在

挑重担的人，当把重担放下的时候，多么的轻松舒服！当身负重职的时候，一旦完成任务，放下责任，所谓如释重负，多么的快乐呀！

我们在世间，压力沉重，都是因为不能放下的缘故。对金钱放不下、对感情放不下、对名誉放不下、对权利放不下，所以就会被金钱、名位、爱情、权利压得喘不过气来。因为对世间的一切放不下，所以就不能解脱自在！

你对世间的功名富贵放不下，你的人格道德就在功名富贵里；你对人间的五欲六尘放不下，你的生命就为五欲六尘所左右；你对世间的忧悲苦恼放不下，你就会被忧悲苦恼所包围；你对世间的有无得失放不下，你就会被有无得失影响。

人，实在说，生活得也很辛苦。为了一个人，我心里放不下；为了一件事，我心里放不下；为了一句话，我心里放不下；为了一样东西，我心里放不下。因为放不下，心里就给人情、事物占据了，就会被压得喘不过气来。

其实，我们对世间的荣华富贵，不但要放下，对身心生死，也都要能放下。一位年轻的小姐，在禅堂里参禅，有人来转告她，说已考取了留学的奖学金，她即刻想到禅者的"不管他"、"放下他"，当下惚然大悟。

苏东坡虽然自认对参禅颇有体悟，但是他对佛印禅师一句责骂他的"放屁"，他不能放下，所以做不到"八风吹不动"，因此才被"一屁打过江"，这都是不能放下，故而不能入道。

做人，因为有"我"，如禅者开导世人，每天东奔西跑，如此不肯放下，是何等辛苦！所以，做人应该要像皮箱，用时提起，不用时放下；当提起时提起，当放下时放下，唯有放下，才能自在。

有一首形容弥勒菩萨的诗偈云："大肚能容，容却人间多少事；笑口常开，笑尽天下古今愁。"

做人若能像弥勒菩萨一样，大肚能容，何愁不能放下自在！

认识自我

　　"我认识美国总统"、"我认识英国女王"、"我认识诺贝尔奖的某某先生"、"我认识电影明星"！尽管你认识了天下的英雄好汉，但是，你不认识自己！

　　我认识我的家乡父老，我认识当代的社会中坚，我认识现代政治圈中的人物，我认识工商界的许多朋友。但是，还是那一句话：你不认识自己！

　　一个人到了不认识自己的时候，实在是最大的悲哀！你说，我也做过身体检查，体重、身高、腰围、肩背等，那是形相上的；真正的，你的个性、你的胆量、你的忠诚、你的毅力、你的聪明才智、你的责任观念、你的感情、你的心理，你有把握不变吗？可见你还是不认识自己！

　　就算你认识自己的故乡，你的故乡就是那个方圆几十里吗？你认识很多的朋友，你在人间只有那几个朋友吗？你认识你所从事的事情，你一天工作八小时，一生一百年，那就是你自己吗? 你说, 我认识我的亲人! 谁是我的叔叔、伯伯? 谁是我的父母兄弟? 谁是我的儿女亲家? 你就只有认识这几个人吗? 你说你认识自己, 实在说, 你的认识太小了, 你认识得太少、太狭义了!

宇宙你认识吗? 地球你认识吗? 地球上的山川河流、大地森林, 你都认识吗? 你有认识你的眼睛眉毛吗? 你有认识你的鼻孔嘴巴吗? 你不认识你的五官, 因为你没有认识心; 没有认识心, 你就不会认识自己。因为, 大至宇宙虚空, 小至微尘刹那, 都通之于心。心不明, 对一切就愚昧无知。

由于你不认识自己, 因此就不能认识世界。要认识世界, 你必须先要认识自己; 要认识自己, 便要认识自心! 认识自心, 你的心是善良的, 还是邪恶的呢? 是清净的, 还是染污的呢? 是光明的, 还是黑暗的呢? 是大公的, 还是自私的呢? 是自在的, 还是束缚的呢? 是贪瞋的, 还是慈和的呢? 是正知的, 还是邪见的呢? 你不把你的心盘算好、治疗好, 心中的问题没有解决, 就是不认识自己; 不认识自己, 又怎么能认识别人呢?

理路清楚

世间的人有多种：有聪明的人，有愚笨的人；有的人有知识，有的人没有知识。高官显要，巷陌村民，地位高低都不值得计较；最应该计较的是，看他做人是不是"理路清楚"！

一个理路清楚的人，是非善恶，事理对错，人事的好好坏坏，在他都会条理分明；理路不清楚的人，以是为非，以非为是，以善为恶，以恶为善，好像明镜蒙尘，又像雾里看花，哪里能知道事实的真相呢？

俗语说："有理走遍天下，无理寸步难行。"世上有好多的人，由于理路不清，所以一生都和人吵吵闹闹，纷争不断。

有人说，宁可和有理的人吵架，也不和无理的人讲话。因为肯讲理，打架之后，是非好坏也会有个水落石出；如果不讲法，不讲理，这个社会大众，对你的做人怎么能轻易地认可呢？

学校的教育，从小就要算算术、学数学，并且列为必修的科目。常有人说对此没有兴趣，但这不是有没有兴趣的问题，因为数学、逻辑，它就是个理则。一加一等于二，你就不能等于三；一杯水，你就不能说是一盆水。大小、多少、广狭、轻重，都有理则；理路不清的人，把理则颠倒，以轻为重、以重为轻，以大为小、以小为大，当然就会以是为非、以非为是，以善为恶、以恶为善，是则理路不清的人生，就非常可怕了。

　　人，出生长大以后，第一件要做的事，就是入学读书；读书，就是为了要明理。但是现在的读书人，只懂得知识，并不明白道理；理不明，居家则和家人难处，做事则与朋友难以共事。甚至有些做主管的、为官主政的，不都是因为理路不清楚，最后为属下、人民所唾弃，甚至被赶下台的吗？所以，我们可以没有土地、没有金钱，甚至没有知识学问，但是不能不"理路清楚"喔！

　　理，不是个人的；理，是大众公认的。理，是有普遍性的、有平等性的；理，是必然的法则。宇宙世间，天有天理，地有地理，物有物理，事有事理；吾等做人，更不能没有人理喔！

烧金银纸

慎终追远，这是中国固有的美德！在中国民间，有烧金银纸来表达对逝世的亲人关怀、孝敬之意的习惯。

在中国内地，用银色的锡箔，扎成元宝，对亡者表示敬意。也有一些地方，用纸印上"往生咒"，认为可以作为亡者经济上的补助。中国台湾更是简洁明了，就在一张金黄色的纸上，贴一个金银的锡箔，认为烧给亡者，就可以当钱用了。

烧金银纸，多少年来已在台湾地区蔚成习俗。尤其台湾地区的庙观，用金银纸烧给神明，大批大批的，甚至几天几夜都烧不完。

有人说，烧金银纸制造环境污染，而且太过浪费，就和抽烟一样，都是浪费社会的资源。所以，有的佛教道场就喊出"不烧金银纸"，改为"乐捐功德金"。

但是，近年来，烧金银纸又再扩大而为烧纸扎的房子、纸扎的箱子，甚至还有纸人、纸马；更有甚者，烧纸扎的摩托车、纸扎的汽车等。

此中，有的人就是因为发生车祸而亡者。在阳间因车祸而逝世，到了阴间，你又给他汽车，万一再出车祸，你要他往生到什么地方去呢？

甚至于许多的房子、人、马，你烧了以后，如果阴界的亡者真的能够受用，但是你没有给他很多的土地，你要他把房子、人、马安置在什么地方呢？这都成为这许多民间习俗惹人争议的地方。

当然，佛教主张只要一束香花，几碟素果，就是表达对先人最大的敬意。但是对于烧金银纸，佛教并无人对此提出批评、排斥，反而是西方人士对于中国的这些民间习俗，认为实在是非常的怪异。

西方人士认为以一束鲜花来祭拜亡者，是最庄严、合适的了；佛教也非常认可。但是，无论用什么方式来表达对神祇、冥界的敬意，其实不必议论谁对谁错、谁是谁非，这些都只是聊表世人的一份心意而已！只是，随着时代的进步，对于一些民俗祭礼，实在也应该做一些适合现代的改良。例如，以提供奖助学金来赞助青年学子、帮助伤残人士、布施社会公益、助印善书报刊等，以此功德来回向神祇、冥界、先人，不是比烧金银纸还要来得更有意义吗？

清白人生

人生有多种的分类，有贪吝的人生，有喜舍的人生；有罪孽的人生，有道德的人生；有智慧的人生，有愚痴的人生；有利人的人生，有自私的人生；有丑陋的人生，有善美的人生。人生的分类，真是千奇百怪，不一而足。

人生，也有多种的心态，有的人一生当中，总是念念想要贡献国家，有益于社会，总想能对家庭亲友有一些贡献。但是也有一些人，一生当中就是希望得到别人的利益、他人的帮助与施舍。

有的人谨言慎行，生怕得罪了别人；有的人贪赃枉法，害人为快乐之本。有的人只想耕耘，不问收获；有的人不肯播种，只想聚敛。有的人希望安贫乐道，有的人希望荣华富贵；有的人山居生活，享受清风明月；有的人十里洋场，陶醉在纸醉金迷之中。

有的人，父母子女，宣布脱离关系；有的人，他乡异客，结为兄弟亲情。有的人，一生都给人怀念，常思亲近；有的人，一生都给人厌恶，常想远离。

看世间的人生，多少的忠臣有道君子，又有多少的奸佞自私小人。多少人把自己奉献给社会，从事公益；多少人在人间混水摸鱼，只想到一己的利益。人生种种，总觉得清白的人生最可贵。

所谓清白的人生，例如：颜回的"一箪食，一瓢饮，在陋巷，人不堪其忧，回也不改其乐"；曾子的"宁可正而不足，不可斜而有余"；林觉民的化小爱为大爱，范仲淹的以天下苍生为念；岳飞的精忠报国，文天祥的浩然正气，这就是清白人生。

佛教的"将此生命，布施众生"，儒家的立功、立德、立言"三不朽"事业，甚至战国的四公子、清末民初的六君子、晋朝的竹林七贤、汉朝的商山四皓，乃至古代民间的二十四孝等。如果念念在利益世间，念念在造福大众，所谓"但愿人人安乐，人人幸福，不为自己计较，不为自己贪图"，这就是清白的人生。

人生在世，多少的追逐，多少的营求，但是到了最后，有的人慨叹自己一身的罪孽；如果能够消除罪孽，像石灰一样留得一些清白在人间，如此也就不枉来世间走一回了。

不知道苦的危机

现代人最大的进步，就是有"危机意识"！不知道危机的人，醉生梦死，当真正苦难来临的时候，一点预防都没有，所以过去古人"重门击柝"，就是为了要有防备。

苦，是人生的实相，只要生活在人间，没有人不经过苦的磨炼。天气有寒冷炎热的苦，饮食有饥饿饱胀的苦，人情有冷暖好坏的苦，世间终有生灭变化的苦。如果不知道世间之苦，就好像不知道天高地厚，不知道人情轻重。

知道苦，就会有所预备。健康的时候，要知道生病的苦，年轻的时候，要知道老来的苦；知道苦，纵使苦来了，能够知己知彼，也好解决问题。

人生活在春夏秋冬的时间迁流中，会感觉到无常之苦，所以应该珍惜人生，争取时间；应该做的事，要及早把它做完，不要一旦无常到来，抱憾归去，就太可惜了。

人生有生老病死的无常之苦，假如能够及早预防，知道老迈，就要珍惜青春；知道老病，就要"与病为友"。甚至能够视死如归，早有准备；即使面对死亡，又何必畏哉！

人，应该知道东南西北，四方广大，不易周全之苦；能够懂得"失之东隅，收之桑榆"，就能建立"悟得心空及第归"的修养。

战国时代的唐雎说："事有不可知者，有不可不知者；有不可忘者，有不可不忘者。"所谓"人有德于我，不可忘也；人之瞋我也，不可不知也。"所以，在人情上，我们有可知，有不可不知者。别人已经在心里不高兴了，我懵懂无知；人家嫌我无礼，我也不知道人家在生我的气。不知道人情冷暖，不知道世间危难，实在是危险的人生。

天将下雨，就要准备雨伞；得知大风雪即将到来，就要事先储粮。社会经济风暴，就要懂得储财；人心险恶，就要知道对人尊重。如果一切懵懂无知，后果来临，不堪设想。

语云："知人知面不知心"。其实，世人更是"知世知乐不知苦"。知苦是学道的增上缘，人在世间，所谓辉煌的成就，是要经过多少辛苦的奋斗所得；不知道苦，就不懂得精进。因此，富贵学道难；知苦，才能不为世道洪流所淹没。知苦的重要，由此可见。

偶像

你有拜偶像吗？偶像，有一种是形式上的偶像，有一种是观念上的偶像。可以说，每一个人都有偶像的崇拜；不崇拜偶像，形式上的、观念上的偶像都没有了，则人生何所依附？

基督教的十字架，是偶像；天主教的圣母，是偶像；佛教的观音、地藏，也是偶像；甚至于民间的妈祖、城隍、土地、关公，也都是偶像。

家庭的正厅里，挂了一张父母的照片，居家的正堂上，安了一座先人的牌位。管你用纸写的，用木刻的，甚至于是金银铜铁所雕塑铸造，都是偶像。

偶像树立了，你向他鞠躬行礼，你向他上香献花，你不会想到他是木头，或是一张纸、是一个镜框架；你一定想到他是你精神上所崇拜的对象。这一种崇拜，让你能够见贤思齐，让你能够永远纪念，让你能够追思怀想，让你能够效法学习，让你能够和他接心，这就是形式上的偶像观念。

假如我们要问，你崇拜什么人？你信仰什么样的道理？你说我崇拜周公，我崇拜杜甫，我崇拜孙中山；周公、杜甫、孙中山，就是你心中的偶像。

你信仰什么？信仰慈悲、道德、正义、公理；慈悲、道德、正义、公理，就是你心中的偶像。

偶像的信仰和观念好不好？太好了！没有偶像信仰，没有偶像观念的人生，实在是太可怕。一般的基督教教徒都说不拜偶像，但是如果你将他父母的照片在他面前撕碎，摆在地下践踏，你看他会无动于衷吗？可见得那一张照片，已经不是一张纸，而是他心中的父母，这就是偶像的观念。

我们应该建立偶像的观念，让我们有个榜样、有个偶像可以效法，可以学习、可以尊敬。古今的圣贤，只要他有德、有能，对人类有贡献，都可以成为我们的偶像；甚至于我们的父母，不都是儿童心目中的偶像吗？

独家新闻

一般大众传播媒体，都希望刊登"独家新闻"，常常为了一则"独家新闻"，不惜揭发他人的隐私，或者使他人受到二度的伤害，令人不禁要问：如此罔顾职业道德得来的"独家新闻"，意义何在！

独家新闻之外，有时为了头条新闻，为了焦点新闻，也是不惜一切地去挖掘小道消息，总希望自己所报道的新闻，能够"耸人听闻"，以增加销路。

反观西方国家的记者，对于有些社会消息，虽然可能成为独家新闻，例如有人跳楼、投水自杀等，他也不肯报道。为什么？因为怕有人效法，引发社会不良的效应。

其实，社会上每天所发生的新闻，内容很多。有政治性的新闻，有财经性、文教性、艺术性、医疗性的新闻；凡是日常生活中所发生，或是一些校园、社团的新闻等，都是属于正常的传播媒体所报道的内容。但是也有一些媒体尽刊一些不当的新闻，例如专门刊登八卦新闻、内幕新闻、花边新闻等，这就需要慎重处理了，否则虽然满足了社会大众的好奇心，往往也因此让社会人心受到了另一方面的伤害。

现代一般人看新闻，有的人喜欢国际新闻，因为有宏观的视野，有的人关怀世界的动态，当然他会希望国际新闻愈多愈好。但是也有人喜欢本土新闻，因为和他有切身的利害关系，例如刊登的影视明星是他所熟悉的，刊登的政治人物是他平常所知道的，刊登的地方建设是他所需要的，甚至于天气预报、股市涨跌、人文动态等，都是与他的生活息息相关，当然为他所关心了。

但是，现在台湾地区的媒体，平时所注意的都是一些杀盗、抢劫、纵火等刺激性的社会新闻，因此有许多人都抱怨说，每日打开电视，第一条新闻不是杀人抢劫，就是车祸死亡，或是家庭暴力；打开报纸，第一版也莫不是惊耸骇人的颠覆新闻。

对于这样的新闻文化，个个都在怪传播媒体，不知要负起社会教化的责任，反而带来负面影响。但是怪的人，一面怪一面自己又喜欢看这些负面的消息，致使许多新闻从业人员不得不投其所好，拼命报道一些刺激读者感官的新闻。如此一来，让台湾一些善良的民族本性受到严重污染，影响所及，较之吸食鸦片之害，尤有过之。

所谓独家新闻，意义何在？新闻从业人员能不慎思乎！

福气与福报

福报，这是人人所希求的！人的身体胖了，就说"你发福了"！人的事业做得很成功，就说"你发达了"！人住的地方，也说"福地福人居"！一般的人都把福与财连在一起，但实际上，福德、福慧，才更为重要！

现在的人，有时彼此相见，就说你很有福气，你很有福报。说到福报，本报就是为了人间需要有"福报"，我们才每天把《福报》送到每一个人的家里。

什么是福报呢？一直有人对我们感谢，对我们赞美，对我们说好，这就是我们的福报。做事一直非常顺利，非常如意，一直得心应手，这就是福报。平安、吉祥，消灾免难，这也是人人所希求的；能够如愿，就是有福报。

有了福报，办事无有不成；所谓"心想事成"，就是福报！但是，福气就不同了，有的人儿女很多，我们就说：你很有"福气"，这表示有"福"也有"气"。钱财多了，你有"福气"；

"财"和"气"也能与"福"搭上关系。土地很多，事业很大，有人也赞叹说：你很有"福气"。照此看来，有福报是完美；有福气是不究竟的。

就拿现在台湾地区的社会来说，连战先生虽然竞选失败，但还是有人说他是一个有"福报"的人。王永庆、许文龙，他们富甲全台，但是他们有"福"也有"气"。所以如何把财富变成福报，把儿女转为福报；只有"福报"，没有"福气"，那人生不是何等清闲自在吗？

世间，有很多人家财万贯，子孙满堂，关系企业多家，看起来是很有福气，但每天的日子非常不好过；也有的升斗小民、低阶的公教人员，甚至一些劳工、农商、清苦之家，却生活得非常自在。有的人悠游林泉，逍遥于山水之间；有的人义工劳动，助人为乐，那不是很有"福报"吗？甚至有的人宁可在家里享受"福气"，但也有的人从事慈善，过着信仰的生活，那就是享受"福报"。

"福报"与"福气"，一字之间，差别大矣；希望享有"福报"的人，就请先来学会如何转"福气"为"福报"吧！

剩菜的故事

剩菜的故事是说：一个小康家庭，父母生了三个儿女，丈夫工作，儿女读书。丈夫每次回到家，都跟太太说："你真幸福，一天到晚在家没有事做，我在外面为公家忙，每日事多心烦。"太太经常忍受丈夫这样的说法，以女人的美德，沉默应对；儿女在各个学校读书，回到家里便一直叫着、嚷着，要吃饭、要休息，说自己在学校里读书，如何的辛苦、如何的忙碌，甚至怪妈妈说：你在家里都没有事做，哪晓得我在学校的辛苦。

一日遇到假期，女主人跟先生和儿女说，要回娘家探望家人，请假一天，家务就请家人代劳。先生因为是一个科学管理专家，即刻下令自己负责这一天下厨料理三餐；十七岁的大女儿要负责拣菜、洗菜，准备碗筷开饭等；二儿子负责庭园树木浇水，扫院子里的落叶；十三岁的小妹，因为年龄小，就负责擦桌扫地，整理环境。

一天下来，男主人和三个儿女腰酸背痛，每个人都大喊吃不消，家务太多了。这时大家忽然想起来，我们四个人的工作，妈妈在家都是一个人做！这才感觉到当初怪妈妈太闲了，都没有事做，是错了。妈妈很忙，妈妈很伟大，一家人这时才体会到，做一个家庭主妇，是非常地不容易啊！

时间飞快，女主人就即将要过六十岁生日了，儿女们要为平日持家辛苦的慈母，举行一个祝寿活动。全家集合商量，要选一个什么样的礼物给母亲呢？大家想想，几十年来每个人都添置衣服物品，只有妈妈总是说不要不要；要想办一桌好的筵席来邀请母亲，但是也有人说妈妈不喜欢吃那许多菜。大家研究再三，小弟说："妈妈最喜欢吃剩菜了！在妈妈生日的这一天，我们就把留下来的剩菜给妈妈享用好了。"

六十岁的寿诞到了，先生和儿女们笑着对妈妈说："你每次都说最喜欢吃剩菜，因此我们也只有用剩菜来给你欢喜，来为你祝寿。"妈妈含着眼泪对着他们说："数十年来，我就是喜欢吃剩菜。"

一段剩菜的故事，内心包含了多少的曲折，多少的内幕；慈祥的母亲，伟大的女性，所谓家庭主妇，就是这样过了一生。

人间最伟大的爱是要体谅别人，要了解别人的辛苦；在社会上是不容易看到这种美德，在一个家庭里，夫妻、儿女们，对家人总应该多些体谅吧！

俗气与道气

人为什么要读书？读书的目的如果只是为了要求取功名富贵，这是下等的目标；读书是为了变化气质，学习圣贤，这才是真正的目的。

你看，有的人一眼看去，就知道他有学问、他很斯文、他有道气；这是由于学问改变气质，产生了作用。但是也有的人，就算有点知识，但由于他做学问没有承受到变化气质的效果，因此从他的长相、动作、出言吐语，都会让人觉得他是一个非常俗气的人。

《水浒传》是一部家喻户晓的民间小说，一般人对《水浒传》的评语，都认为里面的人物刻画得极为生动、成功。的确不错，《水浒传》里的一百零八条好汉，你不必提到名字，光从书上描述他穿什么衣服，手拿什么武器，走起路来的样子，说话的声音等，你就会知道，他是黑旋风李逵，还是行者武松、智多星吴用、花和尚鲁智深。

如果是《三国演义》，你看到身骑赤兔马，手提青龙偃月刀，口说"俺来也！"不用问，那一定是关云长驾到。如果有一个手提丈八点钢矛，像黑罗刹降临，威风凛凛，杀气腾腾，不用看你也知道，这一定是张飞到达了。如果是手持羽扇，座下独轮车，身穿八卦长袍，不用说，那是卧龙先生诸葛亮出场了。

同样的，我们提到儒家的曾子、子思、颜回；佛教的阿难、舍利弗、须菩提，我们听到这些名字，就好像看到他们的样子，就知道他们是有道气的人。

此外，小丑形的人物，例如唐朝的高力士、来俊臣，明朝的魏忠贤，清朝的李莲英，我们一听到这些人的名字，就会觉得这是一群俗不可耐的小人了。

周公、孔子提倡礼乐，就是鼓励人生要有道气；一些黑道的帮派领袖，不懂得道气，只以为霸气、凶气就能服众，所以这一帮人也就免不了都要成为俗人了。

孟子要人养气，佛教要人养心；所谓出众，三千威仪，八万细行，一举手，一投足，都像法界随心，天地合一。这样的人，不用说话，就会让人感觉到这是有道气的人，是正派而且有学有慧的人。反之，一个俗气的人，不用出言吐语，光从他的衣饰、动作、表情、眼神，就让人觉得俗不可耐。

所以，我们学习成长，要有道气；道气和俗气，分别就是那么的大喔！

地球人

"天涯若比邻"，这个世界将成为"地球村"，我们都是"地球人"！

地球村里，虽然有许多的国家，许多的种族，许多的文化，许多的语言，但不会妨碍地球村的发展。例如，全世界的国家、城市、乡村，都有所谓"社区"的结构。在一个社区里，有许多的家庭，许多不同的姓氏，许多不同的年龄，许多不同的饮食习惯，许多不同的信仰，许多不同的个性，许多不同的性别，许多不同的语言，但都不妨碍社区的和谐。

从一个社区扩大到一个地球村，其道理不都是一样吗？只是，有一些落后的文化，赶不上时代，制造地方的情节，制造种族的问题，分别大国、小国，分别各种衣、食、住、行不同的文化，所以造成人与人之间的矛盾。但是，现在世界天下一家的理念，风气所至，这许多落后的思想、观念，必定会受到排斥，受到淘汰。

　　我们从许多科学家对太空的研究，以及从电视上看到许多星际的战争，假如宇宙虚空有更多的星球，有更多不同的众生，那么地球村里的人民，必定要团结联合，否则必然不堪其他星球人士之一击。

　　就如上古时代的人民，都是以部落为中心；从部落而到种族，而到诸侯，慢慢形成一个小国。有识之士废除了小国，成为一个大国。美国当初不也是发生过南北战争吗？现在的欧洲共同体，联合一致，则未来地球上的五大洲，势必就像一个村庄里的户口，成为第一号人家、第二号人家、第三号人家……。

　　从现在的时代发展来看，环绕地球一周虽然是数十万公里，但是乘坐喷射客机，几乎是朝发夕至。这正如西方极乐世界，所有的人民从早晨餐后，"各以衣裓，盛众妙华，供养他方十万亿佛"。

　　极乐世界的人每天游走许多国家，心念所想，如愿所成。这不正像现在的电话、计算机信息、遥控、E-Mail，不都是已经把地球上的人联结得愈来愈近了吗？

　　所以，我们要生存在今后地球村来临的时代，我们必须要人人扩大心胸，包容一切的国家，包容一切的民族，包容一切的众生，大家如兄如弟；如果你没有扩大心胸，今后这许多的国家、民族，你将如何把他们在你心胸之中安放呢？

上瘾

在中国的文字用语里，"上瘾"这个词汇，好像指的都是不好的事情。例如，吸毒的人，"上瘾了"；嗜酒的人，"上瘾了"；好赌的人，"上瘾了"。上瘾之后成为习惯，便不容易改除了！

古人对于酒色财气，一直谆谆地教诫青年，不可以接近；因为"近朱者赤，近墨者黑"，万一沾染上了酒色财气，等到上瘾以后，就不可挽救了！

世界上，有一些国家对于贩毒、贩卖私酒、赌博等，都以严刑峻法遏止，甚至判处死刑。但是为了一些上瘾的人之需要，一些人间的败类，前仆后继，如飞蛾扑火般，不去陷身火坑，不弄到身败名裂，誓不甘心。

随着时代的日益发展，现在社会上又多了一些新的"瘾君子"，例如看电视、电影，看了成瘾；看跑马、赌博，也可以上瘾；甚至赖在计算机网络中，成瘾了。

世间任何一件事，即使本来是好事，一旦着迷，陷入到无法自拔的地步，就叫做成瘾；成瘾之后，什么好事都会增加人间的缺陷。例如吸毒，这原本并没有犯刑事罪，只能算是身体上的毛病，身体需要有这种毒品来麻醉，这本来是个人的事，也犯不着国家来为你操心。但是，个人也是社会、大众的一环，个人的毒瘾所致，影响到吸毒、贩卖、制造，让民众也都染上了毒瘾。甚至一个人吸毒成瘾，不但家门的荣耀，个人的健康、名誉、经济都因此受到危害，最后社会也会因你而产生许多的问题。

现在的社会，每天都有许许多多的问题发生，其实当局也难为啊！所以不得不对一些疯狂上瘾的事物加以禁止，加以疏导。

人，难免会对某些事、某些东西有所偏好，当一切还没有上瘾之前，那是我们的嗜好。良好的嗜好，例如阅读、旅行、社工、郊游、集邮、养鸽、体育、运动等，这些有益身心健康的嗜好未尝不好；但是有很多不好的习惯成为嗜好，例如好吃、懒惰、游荡、电玩、飙车等，如果不加以疏导，接着就会有很多不当的行为接踵而至，所以不能不防患于未然。

我们平时最好在信仰上，在道德修养上培养力量，以此力量来阻挡一些不当的嗜好所造成的瘾害，这才是自救之道。

爱好公义

孟子见梁惠王。王曰："叟！不远千里而来，亦将有以利吾国乎？"孟子对曰："王何必曰利？亦有仁义而已矣。"

一个国家，在国际上能够居于领导地位，受到全世界的尊敬，并非完全看这个国家的财富，主要的是看这个国家崇尚仁义否？一个民族受人好评，也不只是看他们的身高体大，而是要看他们崇尚仁义否？一个爱好公义的国家，一个爱好公义的民族，一个爱好公义的社会，一个爱好公义的人生，那才是最大的价值。

世间的人，在私利之前，都没有公义；在亲情之下，也不讲公义；公义给一个"私"字蒙蔽而不容易出头。

社会、政府、甚至于团体中，个人只讲究人我的关系，只讲究利害得失，只讲究私谊交往，只讲究党派集团，则公义就会黯然无光，就会被邪恶所掩盖。国家没有公义，则国家衰败；社会没有公义，则社会不振；团体没有公义，不像团体；个人没有公义，是为自私小人，可见公义对人间的重要。

文天祥先生提倡"正气"，正气和公义一样，如果被社会另外的乌烟瘴气所蒙蔽，人活在这样的一个国家社会里，也不会有多大的生活情趣。

公义是什么？你虽然许诺我多少的利益，但我所做的事不合乎道德、法律，为了公义，我不为也！你虽优待我诸多的好处，但因不合乎道德、公理，我不为也！再多的金钱买动我做泯灭良知的事情，我不为也！再高的名位要我做有失人格的事情，我不为也！

所谓公义，要有正直，要有诚信，要有光明，要有利于他人；否则，没有公义的商业不做，没有公义的商品不买，没有公义的语言不说，没有公义的事业不做。公义是良心，公义是道德；大家都不讲究公义，则国不成国，人不成人，这个社会还有什么能存在呢？所以，国要成国，必须要有公义；人要成人，必须要有公义。

文天祥曰："天地有正气，杂然赋流形。下则为河岳，上则为日星。于人曰浩然，沛乎塞苍冥。"其实，这不但是正气，也是公义。

所以，正气是人间的精神；公义，又何尝不是我们顶天立地的价值呢？

生命马拉松

"马拉松"是希腊的地名。在公元前四九〇年，希腊的军队大败波斯的军队于马拉松。当时有一个叫裴德匹第斯的人，从马拉松快速送捷报到雅典，以短短数小时的时间，竟然奔驰了四十二公里之远，报告完毕，立刻力竭而死。一直到公元一八九六年，希腊雅典举办奥林匹克运动大会，特别设立了一项"马拉松竞赛"，距离为四十二公里一百九十五米，马拉松从此列为世界长跑运动的项目。

马拉松赛跑，是一场耐力的竞赛，赛程又长、又远，因此跑者不但速度要快，而且要有耐力，才能取得最后的胜利。所以说，生命马拉松，是看谁活得久。

生命的马拉松，所谓"人生六十称甲子，真正岁月七十才开始，八十还是小弟弟，九十寿翁多来兮，百岁人杰不稀奇。神秀一百零二岁，佛图澄大师还可称作老大哥，多闻第一的阿难陀，整整活了一百二十岁，赵州和虚云，各自活了二甲子，菩提流支一百五十六，其实人人都是无量寿，生命马拉松，看谁活得久？"

其实，生命的马拉松，也不只是要跑得远、跑得久、耐得住，另外有一项重大的意义，就是要跑得有成就，这才是最重要的。

在马拉松选手奔跑的时候，我们看他器宇轩昂，勇气百倍，雄赳赳，每一个人都有得冠的希望。及至上路，有的超前，有的在后；有的振作一时，超越前人，有的泄气，渐渐落后。当然，有的选手虽是汗流浃背，全身热气蒸腾，但仍然迈开步伐，勇往向前，一直到达目的地，才算是完成任务。

我们的人生亦如马拉松赛跑，青年的时候意气风发，觉得舍我其谁？及至经过了一段赛程的考验，到了壮年，自己是殿后，还是超前，结果已经明朗化了。

但是，不向生命马拉松低头的人，还是会奋勇卖力，总希望自己有突围的机会。只是，有的人一路跑来，眼看多人超前，自己殿后，欲振乏力，只有感叹自己力不如人，此时不免自怨自艾，灰心丧志，甚至中途放弃，令人惋惜！

然而，也有的人具有运动家的精神，他虽然是落后了，仍然奋力向前。正如我们的人生，当我们参加了人生马拉松的竞赛，人人都应该具有运动家的精神，要能持久不懈，即使落后，还是可以奋力追赶，坚持到底，虽不能获得第一、第二名，至少也要把全程跑完，这才是人生最大的意义。

打破僵局

你有和别人闹别扭吗？彼此的僵局怎么解开？你在与人共事的时候，相互执着，彼此怎样打开僵局呢？

有人善于打开僵局，所以凡事一笑泯恩仇，没有解不开的争执；有的人些许小事，造成尴尬的局面，使局面越来越僵，到最后不可收拾。假如你与人常有僵局的场面出现，仅提供你一些解决僵局的方法：

一、凡是僵局出现，应以低姿态来缓和僵局，不要抬高架势，盛气凌人，那会造成僵局越来越僵。

二、僵局产生的时候，先自我认错，即使先道歉也不失为君子风度。肯得认错道歉的人，并不代表一定就是输家；反而强词夺理，盛气凌人，才会增加别人对你的鄙视。

三、双方因意见不合造成僵局，你不妨赞美对方，让对方感受到你的善意，僵局也就不难解开了！

会处理问题的人，总能大事化小事、小事化无事，绝不会小题大做。学习多要求自己，少要求别人。对人要多些和气、尊重、明理、包容。

做人要以有限的生命追求无限的永恒，
不要在小小的人我是非上计较，
浪费了大好的人生。

四、僵局的发生，大都是因为利害得失，斤斤计较；假如适时地退让，则必然峰回路转，自会打开僵局。

五、如果对方先存成见，不妨先跟他打招呼；例如："请坐"，或者倒一杯茶，对其嘘寒问暖，则寒冬必能转化为春天的来临。

六、笑容、亲切、风度、礼貌都是解决僵局的不二法门。所谓"举拳不打笑脸人，恶口不骂赞美者。"春风吹来，寒冰还能不破解吗？

七、知道对方对我们存有芥蒂，不妨先以电话纾解；或者请他信赖的好友从中解释，以便消除僵局。

八、有意无意之间，在背后说其好话称赞其人，由他人不着意地、婉转地传入对方耳中，可能会收到打开僵局的效果。

人与人之间相处，误会僵局都是难免的。就算是夫妻，也有冷战的时候；假如形成僵局，只要有一方肯陪个笑脸，说一声："亲爱的！就算你对好了！"僵局必能化解于无形。佛教里，三皈五戒的弟子，都曾经许诺过自己是佛；既然是佛，我是佛，我还要跟他计较、剑拔弩张吗？我多说几句好话，我甘愿多受一些委屈，有什么样的僵局不能解开呢？

巧匠对于再难开的锁，他也能解得开；妙手所到，再难琢磨的玉石，他也能把它雕琢成好的器皿。真正有智慧的人，再难化解的僵局，也没有打不开的。比方说："柔软心"能打开僵局，"慈悲心"能打开僵局，点个头能打开僵局，说好话能打开僵局。只要我们热忱，自然能溶化寒冰似的僵局。

能否打开僵局，就看你是不是肯吃亏？如能，那你就是一个打破僵局的高手了！

早晚课

一个读书的学子，除了学校里老师教授的课业以外，在家中，早晨有早晨的背诵作业，晚间有晚间的自修功课，这是读书学子的早晚课。

一个政治家和企业家，早上起来，会客、打电话、指示秘书写信、主持晨间汇报等，总要把早课做好；到了晚间，批阅公文、开会议事、约人晚餐会谈等，这是政治家和企业家的晚课。

宗教徒，即使在家庭生活，他也要起个大早，要把对信仰的承诺，对信仰的诚心，借着诵经、礼佛，作为自己的早课；晚睡前，他也会静坐、冥想、祈愿，作为晚间的功课。

寺院里的晨钟暮鼓，终年不断；寺院里的僧侣，对早晚功课尤其认真。在朝朝暮暮的早晚课中，他们的人格逐渐升华了，终于把人生带入到另外一个超越的境界。

人的一生，有许多时间都是为别人而忙、为事业而忙、为财富而忙，但是到了最后，平日所忙的都不是自己的。所谓"万般带不去，唯有业随身"，自己今生所做的功德，不但今生为自己所用，甚至延续到来生，成为建设幸福快乐人生的资粮。所以，为什么我们不能每日拨出少许的时间来为自己而忙呢？

现代人，每日有每日的行程，甚至明天的、下个月的、明年的，都排列在预定的行事历之中，此即计划人生。凡是有计划的人生，除了正常的工作之外，都要为自己添加一个定时的早晚功课。因此，我们希望社会各界的人士，都要为自己订早晚课。早上的赖床、懒散，以及躺在床上看报，都不是最好的早课；晚上的宴会、娱乐、舞会等，更不是最好的晚课。

今日我们应该想到曾子的"吾日三省吾身"，袁了凡的"每日功过格"；乃至多少学者名流，他们早读书、晚写作，或是晨学英文、夕练书法，或者晨背古德嘉言、晚诵进德座右铭，以此定为自己的早晚功课。

我们每日清晨，头脑清醒，身心愉快，读书诵经，学习语文，做各种计划；到了晚上，反省、检讨、记录一日所作，同时策划、开拓未来的事业，多么美好的夜晚。

所以，社会大众，人人都应该确立自己的早晚课；早晚课并不一定是学生、宗教家所专有的喔！

求签与法语

人到了迷惘的时候，就会想要算命卜卦，求神问行藏。神明有否管人间的穷通得失？算命卜卦真能卜出吉凶祸福吗？甚至神庙里的求签，有所谓的上上签与下下签；神签真的能为迷惘的人提供出路吗？

明朝憨山德清禅师说："抛却身心见法王，前程不必问行藏；若能识得娘生面，草木丛林尽放光。"人生，要交代给因果，交代给自己；不要交给神明，不要让神明来定自己的吉凶，不要请神明来做自家的顾问。

然而，人就是愚痴，自己对某些事情不能了知的时候，便想要请神明帮忙，神权因此就控制了人生。一个人的吉凶祸福，都有一定的因缘果报之关系，为什么我们不能自我了知，而要求助于神明呢？

求神卜卦、算命求签；签条最大的缺点，就是为人定吉凶，也不考虑好事有好事的因果，坏事有坏事的因果。比方说，有人要办一所学校，想跟某人购买土地，结果他说要求签问神明，可不可以卖地给他？政府在某地修建一座桥梁，本来是一件好事，但经过社区村庄集众反抗，认为这是神签的指示，这样合理吗？正如汉朝的贾谊说："不问苍生问鬼神"，岂不愚痴！

正信的佛教认为，世间诸事，都有一定的因果关系，好有好的原因，坏有坏的原因；好的因必能有好的果，坏的因也必有不好的结果，此理不问自明。所以，佛光山为了纠正社会大众的迷惑，为了帮助大家解开迷悟的情结，因此特别在佛光山设立"大佛法语"，也随顺求签者列出六十条古德的开示。

法语最大的特点，不为人断吉凶，只为人说明好因好事的因缘，恶行恶业的结果。我们希望借助法语，能给无助的人一些方向。

其实，人生不是上上签，就是下下签。上上签的人，升官发财，荣华富贵；下下签的人，横逆挫折，一生困顿。上上签或下下签，都不是神明所能左右决定，都是自己的行为造作而来。因此，对于世间迷惘的人，我们虽然寄予同情，但是我们希望大家徘徊在难定之间的时候，最好能自问：此事合乎道德否？合乎正义否？合乎公理否？合乎法律否？而不要一味地求签问卜。如果再不能，你也可以问因果、问因缘，甚至就请你问问自己的聪明才智吧！

私房钱

你有私房钱吗？不一定女人才有私房钱，男人也有私房钱，甚至有几个政要不让人民知道秘密，他把钱储蓄到瑞士银行，那不是私房钱吗？

妇女之所以喜好存私房钱，因为她的金钱来路有限。她可能会想，要为儿女将来的教育储备经费；或是万一丈夫的事业不顺，家计的负担，甚至老来的养老，她觉得都需要有一些私房钱比较安全。

男人存一些私房钱，他怕金钱全部给家人管理，用时不便；或者他想，鸡蛋都放在一个篮子里，风险太大，所以要有些储蓄，以备不时之需。至于国家也存私房钱，那许多政客，什么人什么居心，就不容易知道了。

私房钱的储蓄，有时候也有好处，例如，家庭、朋友，紧急需要时，或是急难救助，当四处告贷无门的时候，能将私房钱拿出来递补，也是应急之道，或者当社会有所需要时，也能挺身而出，表示急功好义。

不过，有的人将私房钱存入银行里，只有个人签字，没有他人知道，这许多的金钱到最后都成为银行所有，无人知道。或者把私房钱放在秘密之处，因为时间久了，黄金变色，钞票潮湿，实为一大损失。

有的人把私房钱寄存在朋友之处，交代要留给将来的小儿小女，但是朋友也会吞没寄存，这也是常有的事。

当然，我们知道，钱一旦公开了，就不是自己个人所有。所谓"五家共有"，金钱不公开，多少冤枉钱都在私心、非法之下，成了冤哉枉也！所以佛教对金钱的看法，最好的处理方法是：钱，用了才是自己的！拥有金钱是福报，会用钱是智慧；会收藏、储蓄，倒不一定就表示自己有福报和智慧。

人间为了一个"私"字，造成很多不合人情事理的行为，甚至于人民的私有制，也都造成很多社会的问题。例如，私房钱之外，私生子、私有地、私家车，因为"私有"因此不能跟人"共有"；私人田园、私人住宅、私人企业、私立学校、私家银行，甚至有人假公济私等。假如人人都能储私为公，以公益、公道、公有、公享，所谓一切奉公守法，就算是私房钱，也要合法合理，要把私房钱成为善财、净财，这才是重要喔！

黑白二鼠

佛经中有一个故事说：有一个旅行的人，行走在旷野中，忽然见到一头大象追赶而来。旅人心惊，急忙逃跑。可是四边无处躲藏，忽然见一枯井，旅人即刻攀住井边的枯藤而下。正当要落地时，却见井底有四条大蛇，于是紧紧掌握枯藤，不敢垂下。就在此时，又见黑白二鼠啃啮枯藤；正当生死交关、千钧一发之际，有五只蜜蜂在井口飞旋，滴下五滴蜜，刚刚好滴入旅人的口中。旅人尝到蜂蜜的甜美滋味，一时竟忘却了上下、左右、前后的危险。

这一个故事的寓意是说：大象是指"无常"的时光，无常一直在追着我们不舍。我们往枯井中躲藏，此枯井即为"生死"之渊。四条大蛇就是组合我们人体的"四大"的地、水、火、风。四大靠着生命线的枯藤，一时没有被无常所啮，可是井边的黑白二鼠，也就是"昼夜"时光却不停地、慢慢地会把枯藤咬断。此时五只蜜蜂滴下五滴蜜，就是"五欲"的财、色、名、食、睡，此一旅人尝到这些许的甜蜜，竟忘记了上下、左右、前后的危险。

古人说："光阴似箭，日月如梭。"我们的生命不就是在日夜黑白二鼠的运转之下，逐渐走向无常吗？

无常在佛教里是一个真理。世间的事事物物，哪一样不是受无常的控制呢？人生无常，大地山河也是无常啊！当然，无常可以变好，但无常更加容易变坏的啊！尤其，人生岁月的无常，好像我们在银行里的存款，为数日日短少，年年蚀本；当存款用尽的时候，就看黑白二鼠肯不肯口边留情了！

人生在无常的岁月里，要好好地把握有限的时光，该做的要把它做完、做好，不要把未完的遗愿带到棺材里去。

人生是很宝贵的，时间更是宝贵。人生难得，时光难再；可贵的人生我们应该要留一些什么给人间呢？即使黑白二鼠在不停地啃啮我们的生命，但我们能把握拥有的时间，做自己应做的事，例如，对社会的公益，你尽了多少的力量？对于家庭，你尽了多少责任？对自己，你留下了多少美好的事迹给人赞美？纵使黑白二鼠咬断了我们生命的枯藤，但我们的精神、功绩可以留传在社会，至少留传在家族、亲友的心中。

人生每个人都应该拥有坚强的生命，一刹那可以做出永恒的事业，只要有志、快速，何惧黑白二鼠？

问号的得失

有的人说话喜欢用问号（？），有的人说话喜欢用句号（。），还有的人说话喜欢用惊叹号（！），甚至有的人说话喜欢用省略号（……）。

喜欢用句号讲话的人，凡事总会给你一个交代或答案；喜欢用省略号讲话的人，只要你虚心探究，也总能知道他的内容；用惊叹号讲话的人，喜欢大惊小怪，虚张声势；唯有用问号讲话的人，内容比较复杂。

问号，有时候是表示一种善意的关怀，会有好的结果；但是有时候问号也会产生不良的结局。例如，对人问安时说：你好吗？你吃过饭了吗？你近来如何？这些都是善意的问号。也有的人跟人请示：你对时局的看法如何？你对社会的经济发展有何见解？你对现在行政机构的表现满意吗？这些都是中性的，无所谓好坏。最可怕的就是责备的问号：你来这里干什么？怎么到现有还没有做完？为什么花了那么多钱？为什么吃那么多东西？为什么今天迟到了？你今天怎么起得那么迟？用这种口气对人说话，其结果就会有难以意料的结论。

有时候我们做人，成了一个问号的人物，这就非常麻烦了。例如：人家会问：他靠得住吗？你能信任他吗？他有资格吗？他能担当吗？甚至因为自己过去不良的记录，也会成为别人质疑的问号：他过去不是持反对意见吗？他不是曾经对你有过不满的举动吗？他曾经擅离职守你知道吗？他曾经没有完成任务你记得吗？所以，一个人一旦变成问号人物，就很难令人信赖。

人，要经得起问号，在别人对我们的各种问难之前，我们都能给人正面的、满意的答复，这个人在社会团体里，就比较能站得住脚了。

做人，也不要经常说些问号的话，肯定总比问号要好得多。有的人想找我们做事，我们马上回答：你自己呢？你为什么不做？人家跟我们借一本书，你可以说我没有，但你偏要问：你为什么不自己去买呢？向你借钱，你可以不借，但不能问：你老是借钱干什么？找你做事，你也可以婉言谢绝不做，但不可以说：你找我做，那你自己做什么？这种问号式的对谈，就很容易伤害彼此的感情。

问话，要有艺术，有艺术的问话是尊重别人，是虚心客气，是求人帮助，但不可用责备的口吻、责备的态度。你再好的意思，问话的时候如果含有责备、反诘，就没有艺术了。

在《战国策》里，有许多君与君、君与臣、臣与臣之间的问

答故事，乃至一些游说舌辩之士，在一问一答之间，都蕴含了
无限的智慧，以及人际之间的伦理纲常。所以，我们与人说话，
最好要学习帝王的问答，要学习把对方均当成是老师、学者、专
家，如此自能从对话问答中增长许多的智慧。

睡经

适当的睡眠是休息，休息不一定是懈怠，休息是为了要更精进。人要吃饭，才有力气；身体的结构，尤其眼睛，也要休息。眼睛以睡眠为食；但是不当的睡眠，睡得过多，则是懒惰，是不好的习惯。

人的一生，正常的睡眠时间占人生的三分之一，可见睡眠的重要。但是有的人想睡睡不着，每晚在床上辗转反侧，直到深更半夜，了无睡意。第二天起床，没有精神工作，可说痛苦不堪。

在佛教里告诉我们，睡眠前可以盥洗，至少要洗脚泡足，促进血液的循环，就能容易入眠。或者观想光明、默念佛号，不要让忧烦的事情入心，便容易入睡。在床上静坐五分钟至十分钟，看到心情平静以后，再躺卧而睡，这也容易入眠。

睡眠的地方要保持空气流通，温度适宜，床褥厚薄适中；如果无法入眠时，可以轻柔细声地用七音调念佛，或者用手指轻轻地在耳边、脑额抚摸十秒至二十秒,如此也能帮助入睡。

如果因为外境的声音干扰睡眠,不必讨厌,用心随着声音起伏;例如时钟滴答、滴答,你不妨集中意念跟随时钟滴答、滴答,也能很快入眠。如果还是无法入眠,你可以倒数数目,从一百、九九、九八、九七、九六、九五数到一,再周而复始;要均匀、不可停留、不可错乱,让思想集中、精神合一,就能容易入睡,或者播放一段轻音乐,也容易走入梦乡。

睡眠也不宜太多,每天应该让身体有适当的劳动;但不要太过分地思虑,因为思虑过多就成为妄想。除了适当的脑筋思虑、思想活动以外,身体的劳力作务,也能平衡发展;尤其到了该睡眠的时候,身心都要放松,让它真正休息,自然很快入眠。

所以,身体的劳作、活动,包括莳花刈草、打扫清洁、慢步急行等,这些都是白天为晚间睡眠做好的准备。如果晚间可以阅读古籍典章,学习外国语文,苦思工作计划;有时候碰到重重难关,有待突破,当无法冲过时,也容易入眠。

人,最好不要熬夜,经常熬夜成为习惯,当你想在正常的时间入睡,当然就难上加难了。难以入睡的人,都是因为生活起居作息无定,或者思虑过多、精神衰弱、妄想颠倒;假如我们忘记境界、忘记是非人我、发心睡觉,让睡眠成为定时习惯,早睡早起、心思单纯、工作有序,那就不怕不能入眠了。

如此"睡经",不知大家会意否?

人生加油站

汽车在路上行驶，到达一定的里程数，就要停下来加油，否则就无法继续向前行驶；人生的道路，也要不停地加油，才能抵达想要到达的目的地。

人生的加油站在哪里呢？如果你懂得亲近明师和善知识，明师、善知识给我们鼓励、给我们提示、给我们谏言、给我们指导，那么明师和善知识就是我们的加油站。

如果你觉得自己的学识不够，要到补习班补习，要参加某一些讲习会，甚至辞职进修，再度入校学习，那么这些补习班、讲习会、学校，都是我们的加油站。

有的人，沉潜在图书馆里，有的人，学习在寺院的藏经楼上，那许多的藏经楼、图书馆，都是我们的善知识，都是我们人生的加油站。

一座寺院完工，一间佛殿落成，就如设立了一座人生的加油站。你在人生的道路上，跑得疲倦了、烦恼了，受到委屈了，你到寺院里、佛殿上，跪下来，经过佛力的加被，就像能源、汽油一样，滚滚地加入到你的心田里，你再往前方行走，加过油的人生，自然前途无量喔！

木材里有火，你不钻木也不能取火，你自心里的能源，如果没有佛祖为你点亮心灯，所谓"千年暗室"，何以复明？

人生，不能少了加油站，就如人生不能少了善知识；人生不能少了图书馆、藏经楼，就如人生不能少了加油站！

吕蒙正、苏东坡、谢灵运、王维、王守仁等，如果没有信仰上的加油，如果没有寺院这个加油站，他们何能成为一代大儒？现代的马一浮、丰子恺、夏丏尊、梁漱溟等，不就因为寺院容他们住了三五年，长期地加油，而能成功地成为一代学人吗？

唐朝的六祖大师，受了刘志略的鼓励、安道诚的奖助金，他得到了这些人给他的加油，自此如出海的蛟龙，人生不一样了。明朝的朱元璋，他得到马家小姐的资助，一如在加油站加了油，后面的人生就此飞黄腾达。

人生的道路漫漫，没有随时加油，何能顺利走完全程。因此，每个人都不能少了人生的加油站喔！

贵人在哪里？

在世间做人，难免会有一些困难、挫折，总想意外地有个贵人来相助。我们的贵人在哪里呢？

有的人，寄望于家族里有贵人。叔叔、伯伯、表兄表姐，固然也会成为我们的贵人。但是家家有本难念的经，我的困难挫折，一直要交给这许多的亲族来为我担待，这也不是长久之计啊！

有的人，把朋友当成是贵人。朋友中，确实也有有情有义的朋友，但是你有做朋友中的贵人吗？你没有做朋友的贵人，怎么可以想要朋友来做你的贵人呢？

长官老师、社会慈善家，我们都希望他们成为我们的贵人！他们也肯做别人的贵人，但是你的条件呢？一根木头是可以雕成器具的材料吗？一棵禾苗栽种以后，将来能够开花结果吗？就算社会上有很多的贵人，你有让贵人给你帮助的条件吗？

　　有的人找到信仰，寄望神明、佛祖，希望在他困难的时候，能够助他一臂之力。假如佛祖知道你懒惰，知道你违法，知道你造业损人；他是一个慈悲清净的圣者，怎么肯助你这种非法的人士呢?

　　贵人在哪里? 实在说，自己就是自己的贵人! 任何人有了困难，有了挫折，必须自己找出原因，所谓"解铃还须系铃人"，从因地上来改良、改进，当然就会有不同的结果了!

　　贵人在哪里? 你明理，你仁慈，你就是自己的贵人! 明理会知道问题的所在；仁慈会得到别人的尊敬，如此还有什么困难不能解决呢?

　　贵人在哪里? 只要你勤劳，只要你广结善缘，你就是自己的贵人! 你勤劳必定得到佐助，你广结善缘，还怕善缘不来照顾你吗?

　　我们看到有一些人经济潦倒时，就会想要找贵人来解决经济上的问题；我们看到有些人在爱情上受挫，就会希望有人能在爱情上给予帮助。有的人在事业上一事无成，总希望亲朋好友给予资助，甚至希望社会给予解决。其实，社会也有贵人，亲朋好友也有贵人；可是这许多的贵人，他都有他的看法，他都有他的分寸，他不会随便做你的贵人。

　　所以，失意的朋友们，你找贵人吗? 那就先找你自己吧! 你要相信，你自己才是贵人!

做人

常听人说："做人难，人难做，难做人。"做人真的是这样的困难吗？如果，你不把人当人，别人也会不把你当人，当然就做人难了；你看不起别人，别人也看不起你，你当然就觉得人难做了；你怕别人欺侮你，你却欺侮别人，当然就觉得人难做了；你怕别人轻视你，你却轻视别人，你当然觉得人难做了；你不喜欢别人疑忌你，可是你却常疑忌别人，当然就觉得人难做了；你怕别人打击你，你却常打击别人，在这样的情况之下，当然就觉得人难做了。

有的人目中无人，别人的心目中怎么会有你呢？你没有替人设想，没有体谅别人，别人当然也不会替你设想，更不会体谅你，届时你就要感叹，做人难了。做人应该要宽以待人、严以律己，如果你常宽以待己，严以律人，那当然就难做人了。

做人常被是非困扰，此也是是非，彼也是是非，是非让人们生活不得安宁。因此，如果我们能够不听是非，不说是非、不传是非、不怕是非、不记是非，这不就好做人了吗？

做人是"谦受益，满招损"，但是我们偏向"满受益"。做人需要低姿态，做事需要高水平，可是一些人，要求别人要高水平，而自己却凡事都得过且过，这就是不会做人了。

做人要注意三点：无求、无私、无欲。

因为人到无求品自高、人到无私功自大、人到无欲自然正，能够无求、无私、无欲不就很好做人了吗？

人要如何做人？委曲求全、识大体，就是做人；人要如何做人？谦虚忍让多学习，就是做人；人要如何做人？随喜功德莫嫉妒，就是做人；人要如何做人？广结善缘、布施欢喜，就是做人。

如何把人做好？应审度自己所长，补强自己不足，如汉朝匡衡的六戒：

一、聪慧睿智者，应戒免过分精细。

二、寡闻少见者，应戒免闭塞不明。

三、勇猛刚烈者，应戒免鲁莽粗暴。

四、温良仁爱者，应戒免优柔寡断。

五、耽于安舒者，应戒免坐失良机。

六、粗心大意者，应戒免遗忘漏失。

美好的人生是人创造的，罪恶的人生也是人造成的，佛教教人很多道理，如：守五戒、行十善、四无量心、六波罗蜜、八正道、广结善缘、以责人之心责己、以恕己之心恕人、学吃亏、立志、发心、立愿、"常乐柔和忍辱法，安住慈悲喜舍中"，这些都是做人的道理。

附录：
星云大师佛学著作

中文繁体版

《释迦牟尼佛传》

《十大弟子传》

《玉琳国师》

《无声息的歌唱》

《海天游踪》

《佛光菜根谭》

《佛光祈愿文》

《合掌人生》

《星云法语》

《星云说偈》

《星云禅话》

《觉世论丛》

《金刚经讲话》

《六祖坛经讲话》

《八大人觉经十讲》

《观世音菩萨普门品讲话》

《人间佛教论文集》

《人间佛教语录》

《人间佛教序文书信选》

《人间佛教当代问题座谈会》

《当代人心思潮》

《人间佛教戒定慧》

《迷悟之间》（全十二册）

《人间佛教系列》（全十册）

《佛光教科书》（全十二册）

《佛教丛书》（全十册）

《往事百语》（全六册）

《星云日记》（全四十四册）

中文简体版

《迷悟之间》（全十二册）

《释迦牟尼佛传》

《在入世与出世之间——星云大师佛教文集》

《宽心》

《舍得》

《举重若轻·星云大师谈人生》

《风轻云淡·星云大师谈禅净》

《心领神悟·星云大师谈佛学》

《不如归去》

《低调才好》

《一点就好》

《快不得》

《人生的阶梯》

《舍得的艺术》

《宽容的价值》

《苹果上的肖像》

《学历与学力》

《一是多少》

《三八二十三》

《未来的男女》

《爱语的力量》

《修剪生命的荒芜》

《留一只眼睛看自己》

《定不在境》

《禅师的米粒》

《点亮心灯的善缘》

《如何安住身心》

《另类的财富》

《人间佛教书系》（全八册）

《佛陀真言——星云大师谈当代问题》（全三册）

《金刚经讲话》

《六祖坛经讲话》

《星云大师谈幸福》

《星云大师谈智慧》

《星云大师谈读书》

《星云大师谈处世》

《往事百语》（全三册）

《佛学教科书》

《星云法语》

《星云说偈》

《星云禅话》

《包容的智慧》

《佛光菜根谭》